目録

序……一
校注凡例……一
明本紀校注……一

圖書在版編目(CIP)數據

明本紀校注/(明)佚名撰;王崇武校注. —北京:中華書局,2017.1(2025.8 重印)
(中國史學基本典籍叢刊)
ISBN 978-7-101-12302-9

Ⅰ.明… Ⅱ.①佚…②王… Ⅲ.①朱元璋(1328~1398)-生平事迹②中國歷史-明代 Ⅳ.①K827=48 ②K248

中國版本圖書館 CIP 數據核字(2016)第 291686 號

責任編輯:魯　明
責任印製:陳麗娜

中國史學基本典籍叢刊
明本紀校注
〔明〕佚　名 撰
王崇武 校注
*
中 華 書 局 出 版 發 行
(北京市豐臺區太平橋西里 38 號　100073)
http://www.zhbc.com.cn
E-mail:zhbc@zhbc.com.cn
三河市宏盛印務有限公司印刷
*
850×1168 毫米 1/32 · 4⅜印張 · 2 插頁 · 91 千字
2017 年 1 月第 1 版　2025 年 8 月第 5 次印刷
印數:6701-7500 册　定價:28.00 元

ISBN 978-7-101-12302-9

中國史學基本典籍叢刊

明本紀校注

〔明〕佚名撰
王崇武校注

中華書局

序

皇明本紀一卷，不著撰人名氏，中記明太祖事，起自濠州從軍，迄於洪武五載。陳景雲絳雲樓書目注以爲俞本撰，蓋誤以本所撰皇明紀事録爲此書。而四庫提要、續文獻通考並以爲鈔自太祖實録，則未細審其内容也。余以此書與實録校，知二者確乎有關聯，惟此書並非實録性質，且其成書較今本實録早，故爲研究明史之重要資料也，請依次論證之。

此書之内容雖大致與實録同，惟實録爲編年體，年經月緯，以時爲序，此書之體裁，則不盡然。如：

至正戊戌（十八年）夏四月丁丑，總兵李文忠大破苗軍，胡大海復引兵邀擊之，虜其萬户羅壽，其楊完者收餘衆遁還杭州。未幾，張士誠取杭州，遂殺楊完者，其同僉員成率其衆屯桐廬，來乞師，許之。初士誠以水軍來寇，我師禦之，破其衆於太湖鮎魚口，總兵廖永安又與戰於常熟福山港，大破之，繼而復敗其兵於通州郎山，獲其戰船而還。

檢實録：李文忠破苗軍在至正戊戌四月丁丑，員成納款在八月己丑，廖永安破張吴水兵在六月甲午，通州郎山之戰在七月庚子。此書記事雖較實録簡賅，然此等類次不同時之事於一處，明係於編年之中，隱寓以類相從之意，與實録之體製異。又此書是年載：

十一月，上親征婺州，十二月抵其城，營兩日而城下。民市井不易，敕將守之，凡六月班師，八月，上還京。

實録則分繫諸事於各年各月，亦與此書殊。凡此等處，如律以嚴格編年之體，按其上下文年月，往往不甚銜接，故可灼知非實録性質也。此書叙事直質，文字古拙，不如實録之委曲明暢，故其成書之時代，決不應在實録後，至少非從今本實録所鈔出。如此書記太祖幼年事：

大明太祖高皇帝濠梁人也。姓朱氏，世爲農業。名元璋，字國瑞。母太后陳氏，夜夢一黄冠自西北來，至舍南麥場中，麥穰内取白藥一丸，置太后掌中。太后視漸長，黄冠曰：「好物，食之。」太后應而吞之，覺謂仁祖曰：「口尚有香。」明旦帝生。生三日，腹脹幾殆，仁祖夢抱之寺舍，欲捨之。抵寺，寺僧皆出，復抱歸家。見東房簷下有一僧坐板凳面壁，聞仁祖至，回身顧曰：「將來受記！」於是夢中受記，天明病愈。自後多生疾症，仁祖益欲捨之。上自始生，常有神光滿室，每一歲間，家内必數次夜驚以有火，急起視之，惟堂前供神之燈，他無火。

實録曰：

> 大明太祖聖神文武欽明啓運俊德成功統天大孝高皇帝姓朱氏，諱元璋，字國瑞，濠之鍾離東鄉人也。其先帝顓頊之後，周武王封其苗裔於邾，春秋時，子孫去邑爲朱氏，世居沛國相縣。其後有徙居句容者，世爲大族，人號其里爲朱家巷。高祖德祖，曾祖懿祖，祖熙祖，累世積善，隱約田里。宋季時，熙祖始徙家渡淮，居泗州。父仁祖，諱世珍，元世又徙居鍾離之東鄉，勤儉忠厚，人稱長者。母太后陳氏生四子，上其季也。方在娠時，太后嘗夢一黄冠自西北來，至舍南麥場，取白藥一丸，置太后掌中，有光，起視之，漸長。黄冠曰：「此美物可食。」太后吞之，覺以告仁祖，口尚有香氣。明日上生，紅光滿室。時元天曆元年戊辰九月十八日丁丑也。自後夜數有光，鄰里遥見，驚以爲火，皆奔救，至則無有，人咸異之。嘗遘疾，仁祖夢抱之佛寺，寺無僧，復抱歸，見室東簷下一僧面壁坐，顧仁祖曰：「來！」乃以手撫摩上頂，旦日疾遂愈。

案實録與此書記事相同，而技術巧拙，則頗懸殊：如此書謂「生三日，腹脹幾殆」，實録作「嘗遘疾」。此書謂「見東房簷下有一僧坐板凳面壁」，實録作「見室東簷下一僧面壁坐」。此書謂「聞仁祖至，回身顧曰：『將來受記！』於是夢中受記，天明病愈」。實録作「顧仁祖曰：『來！』乃以手撫摩上頂，旦日疾遂愈」。此書謂「上自始生，常有神光滿室，每一歲間，家内必數次夜驚以有火，急起視之，惟堂前供神之燈，他無火」，實録作「自後夜數有光，鄰里遥見，驚以爲火，皆奔救，至則無有，人咸異之」。由上諸例比較，可見同紀一事，此書俗俚繁冗，實録簡鍊修潔，則實録之因襲此書，而非此書鈔自實録可知矣。此一例也。

此書記至正十五年克和陽：

初城中殺傷甚衆，存者甚少，縱有存者，夫婦不相認。一日暇，上馬臺前一小兒，但能言語，不知人情。上謂小兒曰：「汝父安在？」曰：「與官人喂馬。」「汝母安在？」曰：「官人處有，與父姊娣相呼。」上知不可，明日，會諸人喻曰：「兵自滁陽來，人皆隻身，並無妻小。今城破，凡有所得婦人女子，惟無夫未嫁者許之，有夫婦人，不許擅有。」期明日闔城婦女男子等盡會衙前。明旦，依期而至，上令婦女入衙，以男子列門外街兩旁，令婦女相繼而出，下令曰：「果真夫婦，即便識認，非夫婦，不得妄爲。」令既下，婦女出完聚者半矣。

實録所記者與此異，文云：

初諸將破城，暴横多殺人，城中人民夫婦不相保，上偶出，見一小兒立門外，問曰：「爾何爲？」兒曰：「候我父。」曰：「爾父安在？」曰：「在官養馬。」問其母，曰：「亦在官門下，與父不敢相顧，但以兄妹相呼，我不敢入，故竊候之。」上爲之惻然，即召諸將謂曰：「比諸軍自滁來，多虜人妻女，使民夫婦離散。軍無紀律，何以安衆？凡軍中所得婦女，當悉還之。」明日聚城中男子及所掠婦女於州治前，至則令婦女居内，男子列門外兩旁，縱婦女相繼出，令之曰：「果夫婦，相認而去，非夫婦，無妄識。」於是夫婦皆相攜而往，室家得完，人民大悦。

案此書云：「一日暇，上馬臺前一小兒，但能言語，不知人情。」蓋謂僅此能言語而尚不知人情之小兒，始敢不避忌諱，直陳隱曲，實録則改作「上偶出，見一小兒立門外」。雖較上文簡鍊，然非原意矣。（又此書謂「上馬臺前一小兒」與實録「小兒立門外」亦小異。）此書載太祖喻諸人：「兵自滁陽來，人皆隻身，並無妻小。今城破，凡有所得婦人女子，惟無夫未嫁者許之，有夫婦人，不許擅有。」是以兵士未攜眷屬，城破後，得自由虜掠，惟不許虜有夫之婦而已。故次日太祖整飭軍紀，集城中男子婦女於衙前，令曰：「果真夫婦，即便識認，非夫婦，不得妄爲。」因此，所放出者不過一半，自無所謂「人民大悦」也。實録改太祖之言爲：「比諸軍自滁來，多虜人妻女，使民夫婦離散。軍無紀律，何以安衆？凡軍中所得婦女，當悉還之。」既云「悉還」，當不僅限於已婚者，與此書之涵義異。下文雖亦有「果夫婦，相認而去，非夫婦，無妄識」之言，則似爲防民冒領，初非留難未婚女子及無夫婦人。凡此均可證此書之寫作在前，猶不盡隱諱，實録之纂修在後，故義多更張，此又一例也。

此書記太祖與韓林兒之關係：

未幾，潁汝倡亂者杜遵道劉福通立韓林爲君，都於亳，時群雄是其門弟子，皆從者。韓林造言之苗裔也，時王（謂滁陽王郭子興）方卒，歸葬滁陽，未久，聞召諭造言門弟子孰先後之創亂之功孰魁，況孫德崖之以滁陽爲部將，意欲統滁陽之子。其子聞之懼，辯不能，以文召上代辯。上總兵於和陽，日與元戰，三軍與群官聞上有他往，不悦。時諸戰將謂張天祐曰：「公當自察，果能率衆禦胡，則朱往，不然，則公往。」言既，張自知率衆難事，情願代往。時發兵及親率將和陽征西南民寨，節次削平。其時張自亳歸，齎亳州杜遵道文憑，授滁陽王子爲都元帥、張爲右副、上爲左副。

實録記：

乙未（至正十五年）夏四月丁丑，子興既卒，孫德崖欲統其軍，子興之子聞之懼，不能辯，乃以書邀上代辯之，上方日與元兵戰，諸將聞上欲往，不悦，乃止。時汝潁倡亂者杜遵道劉福通等自碭山夾河迎韓山童之子林兒爲帝，居於亳，遣人詣和陽招諸將，欲爲己用。諸將詣張天祐曰：「公度自能率衆禦元兵乎？不然，公當往。」天祐自揆不能，遂往。上時發兵及親率將士取和陽西南民寨，次第平之。天祐尋自亳歸，賚杜遵道檄，推子興之子爲都元帥、天祐爲右副元帥、上爲左副元帥，上曰：「大丈夫寧能受制於人耶？」遂不受。

案孫德崖郭子興並爲韓林兒將，而孫位在郭上，故子興卒後，林兒徇德崖之意，使兼統其部曲。惟揆以當時兵爲將有之例，此舉當爲子興舊部所不滿。所謂子興子懼，召太祖代辯者，即爲向林兒申訴，諸將囑張天祐往，亦以向林兒辯明。實録諱太祖與韓宋關係，故簡其文，致原意含混。遂以圖統子興部曲者純出德崖意，太祖所欲申辯者，亦似向德崖解釋，而以天祐之往，謂爲林兒所招，原意真情，完全改變。又此書不載太祖拒爵事，而參以世德碑等，亦可知其確受封。然則實録所載太祖言「大丈夫寧能受制於人耶？遂不受」，明係後來史臣增飾之筆，此又一例也。

考太祖實録凡三修：一修於建文之時，再修於永樂之初。前者爲成祖焚燬，後者亦久失傳，至今傳之本，則永樂十六年所纂定。由上諸例比較：此書之寫撰在前，今本實録之編修在後，而在初修再修之時，其參預之者，皆一時彦秀，似不至文理若此！果爾，則此書不特非今本實録之摘編（四庫提要説），亦非以前各本之舊文。豈爲修史之原料，亦如劉辰國初事蹟之比歟？

惟館臣於所徵集之史料，當擇善而從，決無全部編入之理，如事蹟之不盡收入實録，便是一例。此書則全部録入，似又非一史料書，而似由三修以前之本鈔出者。設此假設能成立，其與初修本之關係實極堪注意也，兹舉兩例以明之。

天潢玉牒作於永樂初，紀録彙編本、勝朝遺事本玉牒皆題解縉撰，而縉爲再修本實録總裁官。玉牒與實録雖性質不同，其開卷叙太祖之身世則一，兩書之主要編者既係一人，以意度之，或相去不遠。今以玉牒與此書及今本實録較，知較此書差詳，視實録爲略。夫實録之修，愈後愈詳，（解縉進實録表謂再修本一百八十三卷，繕寫成一百二十册，夏原吉進表謂三修本實録二百五十七卷，繕寫成二百零五册。）儻玉牒爲縉撰，同再修本，則是此書出於初修本矣。玉牒文云：

太祖高皇帝先世江東句容朱家巷人。熙祖生於宋季元初，太后王氏，二子：長壽春王、次仁祖。淳皇渡淮，因家泗州，太后陳氏，四子：長南昌王、次盱眙王、次臨淮王；仁祖年五十，遷鍾離之東鄉，天曆元年戊辰，龍飛濠梁，九月十八日，太祖高皇帝降誕。先是陳太后在麥場見西北有一道士，修髯簪冠，紅服象簡，來坐場中，以簡撥白丸置手中，太后問曰：「此何物也？」道人曰：「大丹，你若要時，將與你一丸。」不意吞之，忽然不知何往。及誕，白氣自東南貫室，異香經宿不散。後不能食，淳皇求醫歸，有一僧奇偉，坐於門側，曰：「翁何往？」淳皇曰：「新生一子，不食。」僧曰：「何妨？至夜子時，自能食。」淳皇謝許爲徒，入家取茶，不知何往，至夜半信然。後十年遷鍾離之西鄉，時至正丁丑。俄有一老翁造門曰：「你家有一龍。」時太祖正在側。又遷太平鄉孤莊村，復有一翁指淳皇曰：「好一箇八十公公。」到了歸仁德，追封尊號，年符其數。南昌王與其子山陽王相繼殁，時家貧甚，謀葬無所，同里劉繼祖慨然憫其孤苦，與地以葬。淳皇先夢於彼築室，今葬長子。淳皇嘗言：「我家出一好人，知他小兒能成否？」至正四年甲申，太祖年十有七，皇考六十有四，皇妣五十有九，俱即辭世，時遭疾疫，人事艱辛，同葬於此，今之皇陵是也。太祖自念嬰孩時多疾，捨入僧寺，及長，淳皇將許之，太后不許，因循未入釋氏，疫癘既侵，遂請於仲兄，師事沙門高彬於里之皇覺寺，鄰人汪文助爲之禮，九月乙巳也。在寺居室，夜有紅光，近視弗見，衆咸異之。是年旱蝗，十一月丁酉，寺主僧以歲歉不足給衆食，俾各還其家，居寺甫兩月，未諳釋典，乃勉而遊食，南歷金斗，西抵光息，北至潁州，崎嶇三載，仍還於皇覺寺。

案玉牒中所雜太祖靈異之祥及其他枝節之語爲今本實録所不見者，與其作書之性質有關，玆可不論。所應注意者，玉牒叙事次序，視今本實録雖略有顛倒，然大體言之，仍與今本相近，與此書差遠，如玉牒云：「復有一翁指淳皇曰：『好一箇八十公公。』到了歸仁德，追封尊號，年符其數。」此意本書無，實録有，即一顯例。蓋實録再修三修之本，雖繁簡不同，然皆爲成祖臣屬所執筆，與建文修本自有間也。

此書記洪武元年北伐事：

> 徐達等兵經棠棣等州縣，皆平之。

據實録：達等進兵路線，先沿運河至山東南部，分爲兩枝，一路迂迴益都以抵濟南，一路北取兖州以抵東昌，遂囊括山東爲明有。棠即堂邑，棣則樂安（後改武定），此書猶作棣州，不避成祖諱，殆以出於初修本歟？

惟此書似非作於建文間，玆可舉常遇春事爲旁證。遇春功高位隆，爲懿文外親，建文修史，宜有美辭。而此書於遇春功績，絕不鋪張。至書其直戇，則無所隱諱。然則所謂不避成祖諱者，亦僅是因襲舊本，偶忘删正而已。竊疑此書與天潢玉牒同爲永樂初元宣傳之官書，玉牒主旨在證明成祖之身分爲嫡出，（紀録彙編本、勝朝遺事本玉牒皆言高后生懿文太子及秦晉燕周四王，金聲玉振集本及國朝典故本玉牒謂高后止生燕周二王。疑五子同母說在前，後人阿諛成祖，始改懿文秦晉爲庶出。惟懿文太子之立，在洪武三年，儻非嫡生，顯與祖訓立嫡之義相衝突，而成祖所堅持祖訓必不可易之説，反爲之動摇。意此舉爲成祖所不喜，其流傳之本遂甚稀。故以郎瑛之留心明朝典故，而七修類稿謂其見改本玉牒，猶詫爲異聞也。）而此書之主旨則在鋪陳太祖之勳德，成祖御製太祖實録序云：

> 朕皇考太祖聖神文武欽明啓運俊德成功統天大孝高皇帝統承天命，龍飛濠梁，掃滅群雄，除暴救民，撥亂反正，不十餘年而成帝業。其間戰攻討伐，指麾號令，動如神明，無往不克。及功成治定，制禮作樂，立法創治，纖悉備具，靡有所遺，誠卓冠於古今者也。

案此雖詞臣代筆，然必希旨爲之，揆以成祖摹倣太祖諸事，此實爲由衷之論。推成祖之意，以爲太祖創業定制，皆足垂型後人，而惠帝之柔弱不武，變亂祖制，則不足以光昭遺美，以暗示己能踵繼之。此書之所以特彰太祖盛德者，其意儻在斯乎！豐功偉烈，大都表現於平壹群雄時，此書所以前詳後略者正在此。而制度之創設，則在開國數年中。然則此書叙事迄洪武五年止，或因其下有殘缺，或即此書之原貌，未可定也。

總之，此書與實録關係綦密，而成書則在今本之前，可能爲修史之原料，亦可能鈔自實録初修本，要就史料價值言，遠勝於今本實録矣。茲取今本實録校其異同，間采他書注其本末，治明史者，儻亦有取於斯歟？

中華民國三十四年九月三十日王崇武序於四川南溪李莊板栗坳。

校注凡例

一、此書玄覽堂叢書續集本、紀録彙編本作皇朝本紀，國朝典故本作皇明本紀。自來書目著録，兩名兼用。兹從典故本，改稱明本紀。

二、此書以紀録彙編本爲底本，用玄覽堂叢書本、明刊國朝典故本、錢謙益國初群雄事略引文（適園叢書本）及中央研究院校本明實録等書彙校之。

三、錢氏事略引文每多删節，語氣之間，時有迴護。故用事略校勘時，僅取其文意有無異同。辭句詳略，不復一一辨注。

四、注文所引實録亦用中央研究院校本。

五、本書主旨在與今本太祖實録校，以見其前後改動之迹。故凡實録以外材料，極少徵引，以明界限。

六、序文已釋諸例，書内不復述。

七、此書編年之中，隱寓以類相從之意，頗難劃分段落。兹爲勉强分割者，所以便於與實録對照。

八、此書紀事迄於洪武五年。紀録彙編本、明鈔典故本及四庫、續通考館臣所見本，皆止於洪武三年。蓋五年以後，復有二、三年事，係後人誤據今本實録加入者，兹據玄覽堂叢書本及明刊典故本删去。

明本紀校注

大明太祖高皇帝濠梁人也。姓朱氏，世爲農業。名元璋，二字據國朝典故本補。字國瑞。母太后陳氏，夜夢一黄冠自西北來，至舍南麥場中，麥穗內取白藥一丸，置太后掌中。太后視漸長，黄冠曰：「好物，食之。」太后應而吞之，覺謂仁祖曰：「口尚有香。」明旦，帝生。生三日，腹脹幾殆，仁祖夢抱之寺舍，欲捨之。抵寺，寺僧皆出，復抱歸家。見東房簷下有一僧坐板凳面壁，聞仁祖至，回身顧曰：「將來受記！」於是夢中受記，天明病愈。自後多生疾症，仁祖益欲捨之。上自始生，常有神光滿室，每一歲間，家內必數次夜驚以玄覽堂本、典故本皆作「似」。有火，急起視之，惟堂前供神之燈，他無火。及欲玄覽堂本、典故本無「欲」字。出家，玄覽堂本、典故本無「家」字。幼，太后必欲捨之，六字據玄覽堂本、典故本補。仁祖未許。至十七歲，仁祖與太后俱以疾崩，上長兄□□王亦逝，惟仲兄□□王存。上自以家「家」字據玄覽堂本、典故本補。計日窘，思昔父母因疾曾許爲僧，於是與仲兄謀，允託身皇覺寺。入寺方五十日，寺主以歲饑，罷僧飯食。時師且有室家所用弗濟，乃西遊廬六光固汝潁諸州。如此三載，復入皇覺寺，始知立志勤學。

太祖實録卷一：大明太祖聖神文武欽明啓運俊德成功統天大孝高皇帝姓朱氏，諱元璋，字國瑞，濠之鍾離東鄉人也。其先帝顓頊之後，周武王封其苗裔於邾，春秋時，子孫去邑爲朱氏，世居沛國相縣。其後有徙居句容者，世爲大族，人號其里爲朱家巷。高祖德祖，曾祖懿祖，祖熙祖，累世積善，隱約田里。宋季時，熙祖始徙家渡淮，居泗州。父仁祖，諱世珍，元世又徙居鍾離之東鄉，勤儉忠厚，人稱長者。母太后陳氏生四子，上其季也。方在娠時，太后嘗夢一黄冠自西北來，至舍南麥場，取白藥一丸，置太后掌中，有光，起視之，漸長。黄冠曰：「此美物可食。」太后吞之，覺以告仁祖，口尚有香氣。明日上生，紅光滿室。時元天曆元年戊辰九月十八日丁丑也。自後夜數有光，鄰里遥見，驚以爲火，皆奔救，至則無有，人咸異之。嘗遘疾，仁祖夢抱之佛寺，寺無僧，復抱歸。見室東檐下一僧面壁坐，顧仁祖曰：「來！」乃以手撫摩上頂，旦日疾遂愈。後復疾，仁祖念前夢之異，欲俾從釋氏，不果。既而徙居鍾離之西鄉，後遷太平鄉之孤莊村。太后嘗謂仁祖曰：「人言吾家當生好人，今吾諸子皆落落不治産業」，指上曰：「豈在此乎？」及上稍長，姿貌雄傑，志意廓然，獨居沈念，人莫能測。既就學，聰明過人。事親至孝，侍奉左右不違意。一日黎明，仁祖坐於東室檐下，上侍側，有道士長髯朱衣，持簡排垣柵直入，遽揖仁祖曰：「好箇公公，八十三當大貴。」仁祖初見道士突入，頗不悦，聞其言異，乃留之茶，道士不顧而去。既出門不見，時莫知所謂。及上即位，追上尊號，推其年數，適符其言。歲甲申，上年十七，值四方旱蝗，民饑，疾癘大起。四月六日乙丑，仁祖崩。九日戊辰，皇長兄薨。二十二日辛巳，太后崩。上連遭三喪，又值歲歉，與仲兄極力營葬事。既葬，念仁祖太后嘗許從釋氏，乃謀於仲兄，以九月入皇覺寺。僅五十日，寺僧以食不給，散遣其徒遊四方。上遂西遊，至合淝界，遇兩紫衣人欣然來就，約與俱西。數日，上忽病寒熱，兩人解衣覆上身，夾侍而臥，調護甚至。病少差，復强起行。行數日，至一浮圖下，兩人者辭去，謂上曰：「姑留此，待我三日。」後三日疾愈，兩人亦不至，上心異之。又行至六安，逢一老儒負書篋，力甚困，上憫其老，謂曰：「我代翁負。」老儒亦不讓。偕行至硃砂鎮，共息槐樹下。老儒謂上曰：「我觀貴相非凡，我善星曆，試言汝生年月日爲推之。」上具以告，老儒默然良久曰：「吾推命多矣，無如貴命，願慎之。今此行利往西北，不宜東南。」因歷告以未然事甚悉，上辭謝之，老儒別去，問其邑里姓字皆不答。上遂歷遊光固汝潁諸州，凡三年。時泗州盜起，列郡騷動，復還皇覺寺。上所居室夜復數有光，僧皆驚異。

案此書叙太祖籍貫家世，數句即了，實録累百餘言始休，檢郎瑛七修類稿卷七國事類，朱氏世德碑記：（瑛以所獲舊本與剪勝舊聞所載者校，間有異文，下列皆其原注。）

本家（舊聞本作「宗」）朱氏，出自金陵之句容，地名朱家（舊聞本無「家」字）巷，在通德鄉。上世以來，服勤農業。五世仲八公娶陳氏，生男三人：長六二公，次十一公，其季百六公，是爲高祖考，娶（舊聞本作「要」，訛）胡氏，生二子：長四五公，次即曾祖考四九公，配侯氏，生子曰初一公、初二公、初五公、初十公，凡四人。初一公娶王氏，是爲祖父母，有二子：長五一公，次先考五四公，諱世珍，元籍陶金户，非土產，市於他方以供歲賦。（舊聞本無此句，恐非。）先祖初一公困於役，遂棄田廬，攜二子遷泗州盱眙縣。先伯考十有二歲，先考才八歲。先祖營家泗州，置田產。及卒，家道日替。由是五一公遷濠州鍾離縣，其後先考君（舊聞本無此三字）因至鍾離同居。先伯父洎先考君性皆淳良，務本積德，與人無疾言忤色，鄉里稱爲世長。……先考君娶徐氏，泗州人，長重四公，生盱眙，次重六公、重七公，皆生於五河，某其季也。

實録所述大都取材於此。然則實録三修之本雖較以前各本更加迴護，然就另一度角觀之，以取材較廣，記録較詳，視初修再修之本當爲完備也。

天潢玉牒及危素所撰皇陵碑（見七修類稿卷七「皇陵碑」條，類稿不著撰碑名氏，據太祖實録洪武二年二月乙亥，知爲素作。）皆謂太祖入寺兩月，尚未諳釋典，此謂西遊返後，始立志勤學。寺中所讀書，自爲佛經，蓋欲彌前憾也。惟此舉與後來太祖拔僧入儒之意左，故實録去之。

太祖自撰皇陵碑，記其行乞事甚詳，此書及實録僅言其西遊者，蓋有隱也。録碑文以供參證：空門禮佛，出入僧房。居未兩月，寺主封倉。衆各爲計，雲水飄颺。我何作爲，百無所長。依親自辱，仰天茫茫。既非可倚，侶影相將。突朝烟而急進，暮投古寺以趨蹌。仰穹崖崔嵬而倚壁，聽猿啼夜月而凄涼。魂悠悠而覓父母無有，志落魄而徜徉。西風鶴唳，俄淅瀝以飛霜。身如蓬逐風而不止，心滚滚乎若沸湯。

時白蓮教燒香惑衆，河南江淮間愚民多信之，太祖乞食於光固汝潁諸州凡三年，習聞其故，熟交其人，此與其後來參加紅巾起義，殊有關也。

方四年，天下兵亂。一日亂兵以上四字據玄覽堂本、典故本補。過寺，寺焚僧散。將晚，原作「曉」，據玄覽堂本及典故本改。上歸，祝伽藍，以珓卜凶吉，曰：「若容吾出境避難，則以陽報，守舊則以一陰一陽報。」祝訖，以珓投之於地，則珓雙陰，（玄覽堂本、典故本陰下有「之」字。）如此者三。復祝謂神曰：「求出不許，入不許，神可（玄覽堂本作「何」。）報我，無乃欲我從雄而後昌乎？則珓如前。」祝既，投珓如前。神既許之，於心大驚，復祝曰：「甚恐從雄，願神復與吉兆，而往他方避難。」祝畢，以珓投入（玄覽堂本、典故本作「於」。）地，一陰覆，一卓立。時見神意必從雄而後已，因是固守所居。未旬日，友人以書自亂雄中來，略言從雄大意，覽畢即焚之。又旬日，有人來告，傍有知書來者，意在覺其事。上心知之，後三日，斯人果至，與語，觀其辭色，未見相傷，（「傷」字據玄覽堂本、典故本補。）禮待而歸。復幾旬日，又有來告：「先欲覺事者，今云（原作「去」，據玄覽堂本、典故本改。）不忍，欲令他方人來加害，乞幽察以從告。」（玄覽堂本、典故本作「吉」。）上深思之，以四境逼迫，訛言蠭起，乃決意從諸雄。時元至正十二年壬辰，閏三月一日，晨旦抵濠城，守者不察，（以上二字國初群雄事略卷二引文無。）縛而欲斬之。有人覺報於首雄，良久得免。收入部（事略作「步」。）伍，幾月，拔長九夫。（原作「投長久大王」，據玄覽堂本、典故本改，下同。）首雄滁陽王郭子興是也。既長九夫，常召與語，（玄覽堂本、典故本作「論」，事略作「言論」。）久之，言意相孚。王知上非可久屈，收爲家人，親待同子弟，以孝慈皇后馬氏妻之。

實録：辛卯（至正十一年）夏五月，汝潁兵起。○壬辰（至正十二年）春二月乙亥朔，定遠人郭子興孫德崖及俞某、魯某、潘某等起兵，自稱元帥，攻拔濠州，據其城守之。辛丑，亂兵焚皇覺寺，寺僧皆逃散，上亦出避兵。日暮，上歸，念無所逃難，甚憂之，乃禱於神曰：「今兵難如此，吾欲出避兵，志無所定，願於神卜之，出與處孰吉？明以告我！」祝已，投卜凡三，俱不吉。上曰：「出與處既不吉，無乃欲吾從雄而後昌乎？」一投卜而吉。上自念曰：「今豪傑紛亂，孰堪與禦亂者？况從雄非易事。」乃復祝曰：「兵凶事，從雄吾甚恐，盍許以避兵。」復投卜，珓躍而立。上知神意必欲從雄也，固守以待。未旬日，有故人自亂雄中以書來招曰：「今四方兵亂，人無寧居，非田野間所能自保之時也，盍從我以自全。」上覽畢即焚之。數日，復有來告曰：「前日人以書招公，傍有知者，欲覺其事，當奈何？」上慨然太息曰：「吾惟聽命於天耳。」後三日，其人果至，與語，辭色無相害意，乃謝遣之。復旬日，又有來告曰：「先欲覺者不欲自爲，今屬他人發之，公宜審禍福，決去就。」是時元將徹里不花率兵欲來復濠城，憚不敢進，惟日掠良民爲盜以徼賞，民皆洶洶相扇動，不自安。上以四境逼迫，訛言日甚，不獲已，乃以閏三月甲戌朔旦，抵濠城。入門，門者疑以爲諜，執之，欲加害。人以告子興，子興遣人追至，見上狀貌奇偉異常人，因問所以來，具告之故。子興喜，遂留置左右。尋命長九夫，常召與謀事，久之，甚相親愛。凡有攻討，即命以往，往輒勝，子興由是兵益盛。初宿州閔子鄉人馬公素剛直，重然諾，愛人喜施，避仇定遠，與子興爲刎頸交。馬公有季女，甚愛之，嘗言術者謂此女當大貴，及遇亂，謀還宿州起兵應子興，以女託子興曰：「幸公善撫視。」子興許諾，與其妻張氏撫之如己子。已而馬公死，子興感念不已。上時未有室，子興欲以女妻上，與張氏謀曰：「昔馬公與吾相善，以女託我，今不可負，當爲擇良配，然視衆人中，未有當吾意者。」因言上度量豁達，有智略，可妻之。張氏曰：

「吾意亦如此，今天下亂，君舉大事，正當收集豪傑，與成功業，一旦彼或爲他人所親，誰與共成事者。」子興意遂決，乃以女妻上，即孝慈高皇后。

案實録與此書同記一事，實録端委詳明，而此書則直質古拙。此書猶奉元朝正朔，實録則盡易以干支。果此書可代表三修實録以前本，亦可見其時因倉卒成書，致用詞失檢也。

此書叙太祖從軍事，語意簡賅，文云：「上深思之，以四境逼迫，訛言蠭起，乃決意從諸雄。」至實録所改者，則較爲詳盡：「是時元將徹里不花率兵欲來復濠城，憚不敢進，惟日掠良民爲盜以徼賞，民皆洶洶相扇動，不自安。上以四境逼迫，訛言日甚，不獲已，乃以閏三月甲戌朔旦，抵濠城。」考天潢玉牒記此事：「時元將至，略民爲俘，鄰境騷動，太祖爲訛言所逼，懼禍將及，出爲元兵，恐紅軍至，欲入紅軍，畏元兵至，兩難莫敢前……後至閏三月，挺身抵濠城。」其文之詳略介於此書及實録間，此亦可爲是書出於初修本實録之旁證乎！

又郭子興奉白蓮教起義，而子興則爲太祖之故主，明世史書以爲太祖迴護，多隱約其詞。考張羽滁陽王廟碑記：「元末民間有造言者，王誤中其説，信之甚篤，忽不事業，而妄散家財，陰結賓客。至正壬辰，汝潁兵起，王識天下當變，乃召所結賓客子弟拔濠梁據之。時皇上潛居民間，爲訛言所逼，懼禍將及，遂挺身入濠梁。」案此文爲洪武十六年奉敕撰，可見其時太祖猶不爲子興諱，而太祖與紅巾之關係並可於此看出也。

然滁陽王之爲人，志雄氣暴，列王上者，原作「列諸雄之上」，據各本改。**其雄有四：俞魯**原誤「曾」，據各本改。孫潘，意雖同亂，及其處也異志。俞魯孫潘出於農，其性粗直，謀智和同，獨王與異。在亂初防閑守禦，兵之進止，滁陽王本合與焉。而王少出外，多居内，凡諸事務，四雄者每待王，久亦不能同謀，是後四人者專主，王若在列與焉，不在則不與。三五日相會一次，其會也，四雄瞠目視王，王自知禮虧，深思不安，略有赧色。王居邑中，三字據玄覽堂本及典故本補。比四雄之志頗爲聰敏，議事間，四雄言有不當，王出言似相犯者，四雄含忍，姑容之。王久乃知覺，謂上曰：「諸人若是奈何？」上曰：「不過會簡而至是耳。」王曰：「然。」明日出與會，止勤三日，後仍會簡，人事愈疏，彼此防疑，勢將極矣。遇徐州亂雄敗，其殘雄趨濠梁，合勢共守。其殘雄勢本受制，不料俞孫潘郭反屈節以事之。未旬月，來人各受制，前日防疑之事，頓然釋去。後因彭趙僭稱王號，勢在魯淮，趙稱名而已。滁陽王奉魯淮而輕趙，未久，俞魯孫潘暗恃趙威，於市衢擒王。時上出淮北，聞王被擒，急趨審由，將抵其舍，友人扼道而止曰：「爾主被擒，亦欲擒爾，其勿歸。」上曰：「再生之恩，有難不入，何丈夫之爲也！」即入，見其家止存婦女而已，諸子弟皆匿，上謂諸婦人曰：「舍人安在？」諸婦人亦有疑心，佯言不知。上曰：「我家人也，釋疑從我謀，請原作「詢」，據玄覽堂本及典故本改。知舍人所在。」諸婦人乃實告。上曰：「主君平日厚彭薄趙，原誤「孫」，據各本改。禍必趙三字據各本補。機，欲脱此難，彭必可求。明旦，以次夫人攜二子往告彭君，彭聞忿怒陡駭曰：「孰敢若是？」遂呼左右點兵搜彊，於是上亦反舍，去長服，披堅執鋭，與諸人同玄覽堂本、典故本作「行」。圍孫宅，緣舍上，掀椽揭瓦，諸軍殺彼祖父母，於晦窟中得見滁陽王，鉗足繫項，肌膚被箠打而浮虛，令人負歸，脱去鉗鎖。

實録：時孫德崖等四人起自農畝，性粗戇，智識皆出子興下，子興易視之。每議事，獨與四人異，四人多不悦，協謀傾子興。子興時多家居，少公會。每視事，四人常先至待子興，及子興至，謀不合，輒起去，四人乃專決之。自是會集日簡，或數日始一會，會則四人瞠目視子興，子興不自安，謂上曰：「諸人若此，奈何？」上曰：「此無他，乃簡會至是耳。」子興曰：「然。」明日即出同視事。未數日，復家居不出，自是意愈不協，互相猜防。是歲九月，元兵復徐州，徐帥彭早住趙均用率餘衆奔濠，德崖等納之。二人本以窮蹙來奔，德崖等四人與子興反屈己下之，事皆禀命，遂爲所制。早住頗有智數，擥權專決，均用但唯唯而已。子興禮早住而易均用，均用亦銜之。德崖等四人遂與均用謀，伺子興出，執之通衢，械於孫氏，將殺之。上時在淮北，聞難亟歸，道遇故人止之曰：「郭公已被執，並欲執公，且勿往。」上曰：「郭公於我恩厚，有難不就非義也，何丈夫之爲！」乃馳至郭氏，惟見婦女，問其諸子安在？婦疑不以告。上曰：「我豈外人，而乃疑我，今來謀脱公難也。」諸婦乃告以實。上曰：「我公素厚彭而薄趙，禍必趙發，此非彭不可解。」乃與子興二子往訴於早住，早住怒曰：「我在此，誰敢爾。」即命左右呼兵以出，上亦被甲持短兵與俱至孫氏，圍其家。發屋而入，見子興鉗繫幽窖中，肌肉皆傷，乃破其械，使人負以歸，子興遂得免。

案此書謂太祖及彭兵發屋出子興，並殺趙之祖父母以洩憤，是其報復亦甚狠，實録去之。此書載太祖投子興，子興「收爲家人，親待同子弟」，太祖亦自謂「我家人也」，友人扼道止之曰：「爾主被擒」，太祖述子興與彭趙之關係曰：「主君平日厚彭薄趙」，是太祖在子興帳下殆如家丁養子。天潢玉牒謂爲「親兵」，尚與原義相近。實録則改爲「親信」，並易「我家人」句作「我豈外人」，凡「爾主」「主君」等詞盡改爲「郭公」，失其實矣。

又此書不載彭趙之名，實録晚出，務求詳盡，始鑿實指爲彭早住趙均用。案之元史順帝紀，彭實彭大，早住父也，説詳錢謙益太祖實録辨證。

是歲冬，元將賈魯圍城。

實録：是冬，元將賈魯與月哥察兒圍濠城，城中極力拒守。

明年癸巳至正十三年春，賈魯死。夏五月，元兵解去。時濠城乏糧，上謁友人，得鹽數引，乃汎舟以鹽易於懷遠，得事略作將。糧數十石，以給王家。

實録：癸巳春，元將賈魯死，夏五月壬午，元兵解圍去，城中乏糧，人艱食，上以鹽易米於懷遠，歸贍子興家。

六月歸鄉里，收元義「義」字據玄覽堂本及典故本補。兵民人七百餘以獻王，王喜，命爲鎮撫。

實録：六月丙申朔，濠城自元兵退，軍士多死傷，上乃歸鄉里募兵。得七百餘人以還，子興喜，以上爲鎮撫。

時彭趙二雄以力御衆，部下皆玄覽堂本及事略本作多。凌辱人，上以其非道，恐七百人有所累棄而不統，讓他人統之，惟拔大將軍徐達等二十人有奇，事略實録並作「二十四人」。帥原作「行」，據玄覽堂本及典故本改。而南略定遠。上中途染病而歸，甚危殆，半月乃醒。瘥方三日，滁陽王扶筇過門，嘖嘖有聲。上臥聞之，問傍人曰：「王適扶筇而過，聲意恨惋，胡爲若是？」傍人答曰：「遠方有兵，聲以上二字據各本補。言欲降，猶豫未決。王知友人在其中，欲令人往視，玄覽堂本、典故本作「説」。奈何家無可行者，故惋恨耳。」時上雖臥病方瘥，未滿旬日，乃曰：「王乃越門而驚，玄覽堂本、典故本作「警」，下同。必將以我爲棄人乎？設不以我爲棄人，方瘥，何若是之驚耶？予嘗聞之，生我者父母，活我者亦父母，儻不善圖，爲他雄所有，功將何建，生亦何安？」於是扶病詣王寢室，王曰：「汝來何爲？」答曰：「聞他原誤「地」，據玄覽堂本改。方有欲歸者，未定行原作「何」，據玄覽堂本、典故本改。人，我欲扶病親往。」典故本及事略作「往視」。王「王」字據各本補。曰：「汝病方瘥，未可行。」上知王意，決行不辭，王許之。明日，南行入定遠，及至復病，三日而起。未瘥，玄覽堂本作「不養」。速行，又六十里抵大橋，前病復作，亦三日而瘥。即日又南行，又五十里，望見他壘，玄覽堂本、典故本作「即日又南行十五里外見他壘」。勒兵布陣。上所將者二騎九步，步者見彼勒兵，甚恐，欲捨上逃歸。上謂九步曰：「彼衆我寡，況彼馬我步，玄覽堂本、典故本作「況彼馬步相參」。我等至此，縱欲逃之，將焉歸？必隨我入彼營壘，以玄覽堂本、典故本作「再」。驗吉凶。」言既，彼陣中遣二將來逆，舉手大呼：「來者爲何？」上遣人答曰：「我來爲公帥原作「師」，據玄覽堂本及典故本改，下同。首言。」彼歸壘而告，帥首云：「請來者下馬。」六字據玄覽堂本、典故本補。上乃下馬，然以久病，步趨艱辛，原誤「卒」，據玄覽堂本及典故本改。前逢一渠，九步玄覽堂本、典故本作「夫」。中一人欲代上越渠，平凉侯費聚是也。上謂聚曰：「諸人至此，生死不得自由，豈有代者耶？」乃同往，不踰時而至。帥首逆之曰：「何爲而來？」答曰：「彼此無食，但吾主兵者郭氏與爾故友，知汝壘在是，亦知他敵欲來相攻，恐汝無救，玄覽堂本、典故本作「知」。特遣吾報，肯相從從之，否則移兵避之。」帥首既聽，應聲願降，請留信物，特賜香囊一枚，以此爲記。良久，帥首以牛脯來進，食畢，帥首告之曰：「請原作「諸」，據玄覽堂本、典故本改。帥相從者歸，且待諸軍收拾路費，而詣軍門。」上許之。即帥九步歸，中留費聚於彼，以候人情。後三日，費聚清晨而至，告曰：「事不諧矣，彼欲他往。」上借「借」字據玄覽堂本、典故本補。兵三百，詣帥所在，謂彼曰：「彼爲他雄所凌，其冤未申，讎亦未解，一旦從我北，何不能雪前日之耻。特助三百人，與讎試較勝負，不亦可乎？」其帥首大悦，然而心已自疑，進趨之間，刀玄覽堂本、典故本作「刃」。器不離左右，已防閑矣。上知其情狀，未易爲也，非智不得。猶豫間，里人過其前，乃平昔里中之力勇者，上諭之曰：「吾欲役爾，能乎？」曰：「能。」乃授以方略，佯以帥首來會，彼未來時，密敕三百人，若帥原作「師」，據各本改。全，叢而視之，往則開而縱之，凡此者三，後於叢人中縛之，令壯士五十人密簇而行，擕離營所，去將八里，遣人報彼壘中：「爾首帥往觀營地矣，眷屬當移營就之。」即時焚營廢壘，竭原誤「揭」，據玄覽堂本、典故本改。營而行，事略此下有「於是以計縛其首帥」八字。收壯士三千人。七日後，帥此三千，東破元將老張知院營，黎明襲入之，老張棄軍而遁，漢軍盡爲我有，精壯二萬，練「練」字據各本補。未及旬，帥而南入滁陽。

實録：是時彭趙二人馭下無道，所部多暴橫，上觀其所爲，恐禍及己，乃以七百人屬他將，而獨與徐達等二十四人南去略定遠。中途遇疾復還，半月疾始間。聞户外有杖策嘆嘖而過者，上問故，左右告曰：「定遠張家堡有民兵號驢牌寨者，孤軍乏食，且無所屬，欲來降，猶豫未決。主帥將遣人招之，念無可行者，故惋恨耳。」上矍然曰：「此機不可失也！」即强起詣子興請行，子興喜曰：「吾固知非爾不能辦此，然爾疾方愈，奈何？」上曰：「此豈高枕養病時耶？今失機不圖，將爲他人所得。」子興曰：「須人幾何？」上曰：「人多則彼疑，十人足矣。」乃選騎士費聚等二人，步卒九人從行，至定遠界，上病暑，再閲六日，至寶公河，隔水望其營，營中見上至，勒兵以待，步卒懼，欲走還，上謂曰：「彼衆我寡，走將安之？且彼縱騎以躡我後，必不能免。汝等且勿恐，但隨我入其營，觀其從違。」

頃之，營中遣二將出逆，舉手大呼曰：「來者爲何？」上遣人答曰：「自濠來與主帥議事。」二將歸告其帥，復出曰：「請下馬。」上下馬。以久病，步行甚艱，前阻水，費聚見彼疑慮有他，欲代上渡水而往。上曰：「今與君至此，禍福共之，豈可代耶！」乃同往。既至，其帥出逆曰：「公遠來，郭公必有所命。」上曰：「郭公與足下有舊，聞足下軍艱食，他敵欲來攻，特遣吾相報，能相從即與俱往，否則移兵避之。」其帥許諾，請留物爲信，上解所佩香囊與之。彼以牛脯爲獻，謂上曰：「請帥從者先還，俟諸軍趣裝，即詣軍門。」上將還，慮其不誠，留費聚伺之。後三日，聚還告曰：「事不諧矣，彼且欲他往。」上即率兵三百人復抵其營，謂之曰：「汝爲人所凌，怨尚未復，今從我而北，恐不能釋憾於彼，我助汝兵，可以報之。」帥且諾且疑，然設備甚至。上觀其情狀，非可以言諭，謀以計取之。適里人有勇力者在行，上謂曰：「吾欲用爾能乎？」曰：「惟命是聽。」乃密告以計，使往誘其帥來會，潛約我衆，俟其至，則聚而觀之，既聚復開，如是者三，即於衆中縛之。既而其帥至，衆如約，遂縛之。令壯士五十人擁之以行，其營中不知也。行十餘里，乃遣人諭其營中曰：「爾帥已往觀營地，可移軍來就。」於是營中兵皆出，即焚其營壘，悉驅其衆以還，得壯士三千人。後七日，率之而東，夜襲元知院老張於橫澗山。黎明，入其營，老張棄軍遁去，降其民兵男女七萬，得精壯二萬，悉加訓練。上諭之曰：「爾衆初非不多，一旦爲吾所有何也？蓋將無紀律，士不素練故爾。今練習爾等者，欲令知紀律也，宜共戮力，以建功業。」衆皆羅拜曰：「惟公所命。」於是率之南略滁陽。

此書載太祖曰：「王乃越門而驚，必將以我爲棄人乎？設不以我爲棄人，方瘥，何若是之驚耶？予嘗聞之，生我者父母，活我者亦父母，儻不善圖，爲他雄所有，功將何建，生亦何安？」擬子興如父母，與前文「再生之恩，有難不入，何丈夫之爲」，意正相似。惟此等語句，雖甚誠懇，然可以洩露太祖早年之卑下身份，故實録盡去之，易爲「上矍然曰，此機不可失也，即强起詣子興請行」，則妥帖多矣。又子興之杖策驚太祖，明係促往遊説，故此書雖載子興阻太祖去，然又謂「上知王意，決行不辭」。以明其抱病而發，不得已也。實録删此意，而謂：「上曰：『此豈高枕養病時耶？今失機不圖，將爲他人所得。』」遂成太祖自動請行，此亦後出之史諱飾愈多也。

此書謂濠州乏糧，太祖借鹽易米，以贍子興家，是子興軍給亦缺，故太祖説驢牌寨，謂「彼此無食」。至實録則改爲「郭公與足下有舊，聞足下軍艱食」云云，是僅以驢牌乏餉，非子興缺糧，與當時情形不合。

又元末兵荒四起，鄉民多結寨自衛，久戰漸成勁旅，群雄得寨主之協助者，易以成功，失寨主之合作者，即告失敗，前例如明太祖，後例如張士誠陳友諒。收復驢寨之衆，爲太祖連絡義軍之起點耳。説詳拙作明初之用兵與寨堡文。

途中遇太師韓國公李善長，詣軍門而謁。與語，知其胸懷必能成事，使掌案牘。時掌案牘者已數人矣，特以善長督「督」玄覽堂本、典故本作「與肩」。之，約曰：「方今群雄並起，吾見群雄中持案牘者及謀事者多非左右善戰之人，不得盡其能，以至於敗，以上四字玄覽堂本作「死焉」。羽翼既去，未久，雄亦亡矣。卿智人，與決大事，掌行文案，事無不濟。」玄覽堂本作「無告將非」。典故本作「無若前非」。善長頓首再拜而謝曰：「謹受命。」遂入滁陽。

實録：道遇定遠人李善長來謁，上與語悦之，留置幕下，俾掌書記。語之曰：「方今群雄並争，非有智者不可與謀議，吾觀群雄中持案牘及謀事者多毁左右將士，將士弗得效其能，以至於敗，其羽翼既去，主者安得獨存，故亦相繼而亡。汝宜鑒其失，務協諸將以成功，毋效彼所爲也。」善長頓首謝曰：「謹受命。」遂與俱攻滁陽，下之。

案太祖至此漸脱郭氏勒羈，而自己留意人才，如對李善長徐達費聚等之結納是也。

未踰月，永義魯淮二王遣人促原誤「捉」，據各本改。兵以駐盱泗。上知非人，弗從。未幾，二王果自相吞併，善戰者多死，魯淮亦亡，惟存永義而已。彼時滁陽王尚受制於盱眙，幾爲相吞，而卒幸免焉。上遣一介往説永義，縱滁陽王南行。及至，王閲諸軍，獨上之兵衆隊伍嚴整，旗幟鮮明，甲兵潔利，王乃大悦。初王首倡義時，兵八百人，後上亦以七百，部下諸人共招誘者，總不過萬餘，上之兵衆比王至時，四方來從者，共前所得已三萬有奇。踰兩月，王爲讒所惑，略少疑焉，掣近行掌文案者數人，李郭皆預先私相同玄覽堂本、典故本作「通」。謀者，皆願從滁陽王久矣。未久，又欲以李善長置麾下。善長弗從，訴於上，涕泣弗行。上諭之曰：「主君之命，若欲二字原倒，據玄覽堂本、典故本改。要吾首，亦不自由，汝安敢不行。」善長終不棄去，久之，得弗再召，幸久相從。是後四方征討總兵之權，王不令上與。

實録：未踰月，彭早住趙均用遣人邀上將兵守盱泗。上以二人粗暴淺謀，不可與共事，辭弗往。未幾二人自相吞併，戰士多死，早住亦亡，惟均用專兵柄，狠戾益甚，子興勢孤。上聞而憂之，遣人説均用曰：「方今海内淆亂，正收攬英雄之日，公昔窘於元兵，奔濠城，約與郭公共守以抗元兵，郭公開門延納，推誠相待，既不見疑，又屈己以事公，郭公之德於公甚大，公乃不思報，反聽左右之言，欲先圖之，是自翦其羽翼，失豪傑心。且吾聞之，有德不酬，是謂悖德，有恩不報，是謂孤恩，悖德孤恩，丈夫不爲。又況人心難以逆料，郭公雖或可圖，其部屬猶衆，萬一事有不然，公亦豈能獨安。莫若善待之，使各守其所，脣齒相依，計之上也。不然，脣亡齒寒，吾竊爲公不取。」時均用聞上入滁州，兵勢甚盛，心頗恐，待子興稍以禮。上又使人賂其左右以解之，子興乃得免。遂將其所部萬人至滁州，閲上所將兵三萬餘，號令嚴明，軍容整肅，乃大悦。居再閲月，子興惑於讒，意始疑上，悉奪左右任事者。又欲拔李善長置麾下。善長弗肯行，涕泣訴於上，上曰：「主帥之命，弗可違也。」善長終不肯去，久之弗復召，乃止。自是四方征討總兵之權，上皆不得與。上雖見疎遠，而事子興愈恭，未嘗有怨言，既而元兵圍滁，有任某者忌上功，譖於子興云：「上每戰不力。」子興頗信之，令與任某俱出城接戰，任出城未十步，即被矢走還，上獨直前奮擊，衆皆披靡，上徐還，了無所傷，子興乃愧嘆。又嘗與三百人出城，顧聞鵓鴿聲，飛矢墮空中，心異之，遽還。俄而敵兵驟至，無所獲而去。上每遇敵，智勇奮出，身先士卒，故所向克捷。凡軍中有所得，上皆無取，輒令分給群下，他將有所獲，輒以獻子興，子興以上無所獻，頗不悦，故讒言得以間之。孝慈皇后知其意，後將士有獻者，后悉以遺子興妻張氏，張氏喜，后又和順以事之，由是疑釁漸釋。

案本書猶稱彭趙爲永義魯淮二王，蓋兩人與郭子興等夷，並爲太祖上司，書二王猶書滁陽王也。至今本實録則以子興爲太祖之直接長官，他雄皆粗暴無足數，故直書其名矣。

子興部伍僅萬餘，太祖之兵則擴至三萬，自爲所忌。此書載子興「掣近行掌文案者數人，李郭皆預先私相同謀者，皆願從滁陽王久矣」。是太祖部下雖有涕泣弗去如李善長者，亦有陰祖子興如李郭者。實録不言反對之黨，以見太祖德化之盛，而兩派相互摩擦之事，遂不可考。此書載太祖語善長：「主君之命，若欲要吾首，亦不自由。」實録改爲「主帥之命，不可違也」。語氣較輕。可見太祖受制之甚。若非子興早死，天下事恐未易言也。

太祖遭忌，以馬后斡旋於内，始免於難，實録洪武十五年八月丙戌后傳記：「洪武元年春正月，上即帝位，册爲皇后，因謂侍臣曰：『……昔唐太宗長孫皇后當隱太子構隙之際，内能盡孝，謹承諸妃，消釋嫌猜。朕數爲郭氏所疑，朕徑情不恤，將士或以服用爲獻，后先獻郭氏，慰悦其意。及欲危朕，后輒爲彌縫，卒免於患，殆又難於長孫皇后者。』」與實録此處所記馬后餽獻事，可相參證。后之所以生受敬禮，殁有去思者，殆以此歟？

甲午至正十四年冬十月，元將脱脱圍六合，被圍者請救，來使乃上之友也，中夜而至門首，上聞友人至，即起詣門所，隔門「門」字據各本補。與語，其門上所守之要道，闔闢之機，非王命不敢擅開，謂友人曰：「姑少待，吾告滁陽王闢門而進。」上往告滁陽王，盡訴求救之情，王與六合之雄舊有仇嫌，纔聞求救，暗嗚奮怒，不發救兵。來使亦與滁陽王少舊，雖盡訴其情，王亦不允。上因與共説之，盡言至日昃，王怒少解，仍令他將統兵以行。諸將懼脱脱之威，皆不敢帥師，假託詞以珓白神，神皆不許，除此之外，别無可帥軍者。王乃召上：「汝亦白神。」上曰：「兵者凶事，昔聖人不得已則用之，今六合受圍，雄雖異處，勢同一家，今與元接戰，逼迫甚急，救則生，不救則死，六合既虧，脣失齒寒，若必命我總兵，神可弗白。」於是決出師東之六合，與脱脱戰，微失利歸。

實録：甲午冬十月，元將脱脱攻高郵，分兵圍六合，六合遣使求救，其使者與上有故，中夜至，上聞之即起，隔門與語，請諸子興，開門納之。子興與其帥有隙，怒不發兵。使者訴其情甚急，子興不答。上謂子興曰：「六合受圍，無救必斃，六合既斃，次將及滁，豈可以小憾而棄大事。」子興聞上言，意少解，欲遣他將率兵以行。時元兵號百萬，諸將畏之莫敢往，皆託以禱神弗吉爲辭。子興乃召上將兵往，亦令禱於神，上曰：「事之可否，當斷之於心，何必禱也。」於是率師東之六合，與耿再成守瓦梁壘，元兵攻之急，每日暮攻壘，垂陷復去之，明旦，復完壘與戰，如是數四，上以計紿之，乃斂兵入舍，備糗糧，遣婦女倚門戟手大駡，元兵相視錯愕，環壘不敢逼，遂列隊而出，牛畜婦女居前，丁壯翼之，徐引而去，元兵不敢近，遂還滁州。既而元兵大至，欲攻滁，上乃設伏澗側，令再成佯走，誘之渡澗，伏發，皆下馬走，城中鼓譟而出，元兵大敗，獲其馬甚衆。是時雖勝，然元兵尚强，恐益兵來攻，上謀款其帥，乃具牛酒，斂所獲馬，遣父老送還，令告其帥曰：「城主老病不任行，謹遣犒軍，城中皆良民，所以結聚，備他盜耳，將軍以兵欲獮戮之，民固畏死，非得已也，將軍幸撫存之，惟軍需是供。今高郵巨寇未滅，非併力不可，奈何舍寇分兵攻良民乎？」其帥信之，謂其衆曰：「非良民豈肯還馬。」即日解去，由是滁城得完。

案時攻六合者爲朵兒只，元史卷一三九本傳云：「（至正）十四年，詔脱脱總兵南討，中書參議龔伯遂建言，宜分遣諸宗王及異姓王俱出軍……（朵兒只）即領兵出淮南，聽脱脱節制，脱脱遣攻六合，拔之。」

六合首帥或亦爲韓林兒部下，故太祖説子興云：「雄雖異處，勢同一家。」實録删此意，豈諱之歟？實録記太祖送馬犒元將，蓋以寨堡首目自處，故免於難，頗疑其時已附元，惜史文無考。

葉子奇草木子卷三克謹篇記脱脱攻高郵未下之故：

至正癸巳（十三年）春三月……是時江淮群寇起，張九四據高郵，韓山童之子據臨濠，徐貞一倪蠻子陳友諒亂漢沔，丞相脱脱統大師四十萬出征，聲勢赫然。始攻高郵城未下，庚申君入丞相亞麻之讒，謂天下怨脱脱，貶之可不煩兵而定。遂詔散其兵而竄之，師遂大潰，而爲盜有，天下之事，遂不可復爲矣。

朝廷命脱脱討之，王師號百萬，聲勢甚盛，衆謂其平在晷刻。及抵其城下，毛葫蘆軍已有登其城者矣，忌其功曰：「不得總兵官命令，如何輒自先登。」召其還，及再攻之不下。未幾，下詔貶脱脱，師遂潰。

又高麗史卷三十八恭愍王世家記：

甲午（至正十四年）十一月丁亥，印安還自元，言太師脱脱領兵八百萬攻高郵城，柳濯等赴征軍士及國人在燕京者，總二萬三千人，以爲前鋒。城將陷，韃靼知院老張忌我國人專其功，令曰：「今日暮矣，明日乃取之。」麾軍而退。其夜，賊堅壁設備，明日攻之不克拔，會有人譖脱脱，帝流於淮安。

是張吴所以未即剿滅，以元兵内閧及妒功之所致，實録記元兵攻瓦梁壘，垂陷棄去，故士誠得於夜中完壘，明旦復戰者，豈亦以此歟？實録誇張戰功，盡暴元兵之弱點，今幸留此罅隙，猶可與他書印證也。

彼時海内稱雄者漸廣，互有勝負，玄覽堂本、典故本作「與元互有勝負」。不辨賢愚，死者甚衆。上思之，設使勝負不分，互有得失，如斯久之，世無人矣。每聞幽有鬼神，嘗云：「天高聽卑，是非鑒玄覽堂本、典故本作「監」。見。」於是發誠專意，致詞懇禱於上帝曰：「時元至正，歲在甲午，天下大亂，生民徬徨，生離死絶，數非一人，戰鬬之際，雌雄玄覽堂本、典故本作「主客」。不分，未見偃兵息民之期，盛衰孰已，特竭微誠，懇切謹告，願賜覆照，以拯玄覽堂本、典故本作「樂」。生民。果元運未終，亂雄早息，或亂雄有人，元當即覆。然某亦處原作「值」，據玄覽堂本及典故本改。亂雄中，亂雄以上三字據玄覽堂本及典故本補。無人，擾害生民，亡自某始。」詞成，命黄冠設壇儀俯伏於上帝前，期三月而驗，後三月，上兵愈昌。

實録：上以四方割據稱雄者衆，戰爭無虚日。又旱蝗相仍，人民飢饉，死者相枕藉，心甚憂之。

乃禱於天曰：「今天下紛紛，群雄並争，迭相勝負，生民皇皇，墜於塗炭，不有所屬，物類盡矣。願天早降大命，以靖禍亂。苟元祚未終，則群雄宜早息，某亦處群雄中，請自某始。若元祚已終，群雄之中當膺天命者，大命早歸之，無使生民久阽危苦。存亡之幾，驗於三月。」及踰三月，上兵益盛。

案此書末數句禱辭，略謂：吾爲亂雄之一，亦擾害生民，與上文「時海内稱雄者漸廣，互有勝負，不辨賢愚，死者甚衆」及「上思之，設使勝負不分，互有得失，如斯久之，世無人矣」意，正可相互印證。實録晚出迴護，删擾害生民義。

時滁陽王名稱尚微，意在據滁陽而稱王號，與上雖不明言，就中覘視可否，上知其不可，概説「滁陽一山城也，舟楫不通，商賈不集，非古形勢，非英雄所居。」王乃默然。

實録：時子興名稱尚微，且無意遠略，但欲據滁自王。上察知其意，因説曰：「滁山城也，舟楫不通，商賈不集，無形勝可據，不足居也。」子興默然，事遂止。

明年至正乙未十五年春正月戊寅，上率師取和州。初兵衆乏糧，議謀征所向，時上因數諫王，爲人所譖，初少被責辱，然上終不以爲意，必欲成事，不免數諫。王性聰明，其納言如流，及讒佞説，轉若發機，累受責辱，因是致病。當議征之際，遣人召議，因疾不赴，召至再三，終不能會。復遣人至，令定計以出三軍，上許之，謀曰：「曩征民寨，得義兵號二枚，原作「得兵總二萬」，據玄覽堂本、典故本改。其書曰『廬州路義兵』，皆故衣布爲之，可作此三千。原作「皆故衣希爲改作」，據玄覽堂本及典故本改。拔勇者三千，衣青衣，服皆玄覽堂本、典故本作「腹背」。懸號，垂髻左衽，佯爲彼兵。復令萬人衣絳衣繼其後，相去二十餘里，慎探騎，謹隊伍，嚴號令，南趨和陽，其城可下。」王乃善其「其」字據玄覽堂本及典故本補。謀，如其算。兵行，其衣青者前，衣絳者後。青者度陡陽關，和陽守備玄覽堂本、典故本作「斥堠」。者知，報廬州路義兵至，耆宿以牛酒迎之，其前帥青衣者異其道而飲食，帥絳衣者少謀怠智，循正道而抵和陽，元首玄覽堂本、典故本作「守」。帥出師以逆之，衣絳之士敗走，逐北二十餘里。時帥衣青者將抵和陽，和陽守帥獲勝，至暮而歸，遇衣青衣者至城下，際昏合戰，一鼓破之，平章帖木兒兵潰遁去。初衣絳者敗歸，報滁陽王曰：「衣青衣者人皆陷陣。」滁陽王驚恐，玄覽堂本、典故本作「怒」。責上失計，怒問，俄城南報「報」字據各本補。元遣使來招，滁陽王驚恐益甚，召問若何。彼時兵出城虛，特將三原作「至」，據各本改。門兵合滁陽王至南門，密令稠簇於南街，然後令來者入至滁陽王所，上令來者膝行以見王，待典故本、事略本作「代」。王諭之。及其諭也，王言非智。衆議欲殺來者，上白王曰：「兵出城虛，若殺來使，彼必知我虛而殺其使也，敵反卒至。若生縱歸還，示以大言，彼必逡巡，弗知我之虛實，弗敢加我。」四字據典故本及事略補。王如其言，縱放之。明旦，有人來報元兵遁去。王命上持命往收敗軍，及總守和陽。遂急奉命之和陽，所帥二千人，途中敗軍聞，上親往，喜復從征者千人，南越滁陽門，玄覽堂本、典故本作「陡陽關」。令兵就息，諭衆曰：「一兵夜燃十炬，務在初昏令罷兵息。」上單騎帥驍勇者數十人暮抵和陽。及至，知青衣者已破城而守之，是夜入城，與諸將議守。未至之先，元兵日戰甚急，諸將皆欲收子女玉帛而歸。及上至，人心乃定。然上未至公座署事，静思：方今比肩者衆，況人皆年長，語坐之間，進止之際，皆遜讓爲上。即今秉令行事，設使遜讓難爲，必名正言順方可。細思此輩決無遜讓之意，若依命而遵，又原誤「天」，據玄覽堂本、典故本改。恐此輩戰典故本作「或」。不同心。明日升座，密令左右將州衙公座盡行撤去，惟置木凳於正南，東西俱設凳，不下十條。玄覽堂本、典故本作「東西滿間其徒不下十餘人」。且待明日最後入衙，諸人情況，讓與不讓，悉皆知之。明日，諸人五鼓而至，上黎明而到，惟存東北一位。當時以右爲上，此等雖右末不許，但存左末爲位。時上就之曰：「有公事。」諸人若木偶人，凡公務一切事務，上悉處之，每每如是，至公無私，久之，略少心服。時城未葺，上觀諸人，必未效勤，若不身先，不能動彼，於是檄徐達先集故磚，以城爲十分，與諸人分繕，我得幾何，量分集磚，計甎將及，而乃與諸人議葺城之道。衆詣城上，各限以丈尺數目。玄覽堂本、典故本作「日數」。以人覘視，諸人皆無用功者。三日後，會諸人閲城，至城，上所分地位，徐達帥士卒工將及完，諸人之工，土木並無分毫，間有善良，亦未盡力。於是上作色，以交床置於正面，出滁陽王所命之辭，置之於上，令左右呼「呼」字據玄覽堂本、典故本補。諸人拜於前。諸人既見王命，拜而弗違，上謂諸人曰：「總兵非我擅專，乃王命也，諸人卑我，逆王命可乎？然我與諸人約，帥兵之道非尋常，自今以後，敢有違令者，吾行總兵之道。」

實録卷二：乙未春正月戊午朔，滁師乏糧，諸將謀所向，子興言計多失，上數諫之，子興不聽，上鬱鬱因致疾。一日議出師，遣人召上，上以疾辭，召至再三，乃力疾往。子興命定計，上曰：「困守孤城，誠非計，今欲謀所向，惟和陽可圖，然其城小而堅，可以計取，難以力勝。」子興曰：「何如？」上曰：「向攻民寨時，得民兵號二，其文曰：『廬州路義兵』，今擬製三千，選勇敢士椎髻左衽，衣青衣，腹背懸之，佯爲彼兵，以四槖駝載賞物驅而行，使人聲言，廬州兵送使者入和陽，賞賚將士，和陽兵見之，必納無疑。因以絳衣兵萬人繼其後，約相距十餘里，俟青衣兵薄城，舉火爲應，絳衣兵即鼓行而趨，取之必矣。」子興曰：「善。」於是命張天祐將青衣兵，趙繼祖爲使者前行，耿再成將絳衣兵繼後。戊寅，天祐等至陡陽關，和陽人聞廬州義兵至，父老以牛酒出迎。會日午，天祐兵從他道就食，遂誤前約，再成候之，過期不見舉火，意天祐必已進，遽率衆直抵城下，城中人始覺有兵。元平章也先帖木兒急閉城門，以飛橋縋兵出戰，再成戰不利，中矢走，衆皆潰。元兵追三十餘里，至千秋壩。會日暮，收兵還，天祐等始至，適與元兵遇，急擊之，追至和州小西門，城上抽橋急，我軍奪其橋而登，彼軍争橋，總管湯和遽以刀斷其索，天祐等登城大呼，衣服相亂，遇舉火輒滅之。城北門舊用木柵，元兵在城外者不得入，乃燒門欲入，天祐等復以石塞其門，遂據其城。也先帖木兒倉卒無措，乘夜遁去。

再成兵既敗，其衆奔歸報子興，言天祐等皆陷没，子興大驚，謂上失計。俄又報元兵且至，遣使來招降，子興益恐，召上與謀。時兵皆出，城中守備單弱，上令合滁三門兵於南門，使填塞街市，呼使者入，叱其膝行以見子興，子興喻之多失辭，衆欲殺使者。上謂子興曰：「兵出城虛，若殺其使，彼將謂我怯，殺之以滅口，是速其來也。不如縱之歸，揚以大言，彼必畏憚不敢進。」子興從上言，縱之往，明日元兵果遁去。子興不知天祐等已拔和州，命上率兵二千往收敗卒，仍規取和陽。至中途，再成敗兵聞上來，皆復集，得千餘人，合所將三千人南越陡陽關，命諸軍皆息，期初昏，人燃十炬爲疑兵，令罷衆息。上率鎮撫徐達、參謀李善長及驍勇數十人徑進，暮至和陽，始知天祐等已破城據之，使人呼天祐，天祐等至，左右舉火，上免胄示之，遂入，明日撫定城中。初，天祐等雖據城，懼不能守，欲收子女財物歸滁州。及上至，人心始安，乃與諸將爲城守計。既而元兵來攻，自城西門踰隍，轉攻城北門，上命開門擊之，元兵阻隍，大敗走。遣人報子興，子興遂命上總守和陽。上雖承子興命，而與諸將未同公署，因思受命總兵，當位諸將上，然諸將子興舊部曲，皆比肩之人，而年又長，一旦居其上，恐衆心不悦。乃密令人悉撤去廳事公座，惟以木榻置於中，俟旦會以觀衆情。及五鼓，諸將皆先入，上獨後至，時坐席尚右，諸將悉就坐，惟虛左末一席，上即就坐，不爲異。遇公事至，諸將但坐視如木偶人，不能可否，獨上剖決如流，咸得其宜，衆心稍屈服。時和陽城未甓，上與諸將會議分甓之，計城廣袤爲十分，限以丈尺，尅日完之，諸將玩爲故常，越三日，與諸將閱城，惟上所分者已畢工，諸將多未就。上乃作色，置座南向，出子興檄置於上，呼諸將於前謂之曰：「總兵主帥命也，非我擅專，且總兵大事，不可無約束，今甓城皆不如約，事何由濟？自今違令者，即以軍法從事。」諸將惶恐，皆曰

「唯」。由是不敢有異言。

案明世官書概諱太祖與紅巾關係，惟此書及實録謂太祖行詐，以僞裝之青衣兵居前，以本色之絳衣兵居後。青衣爲民庶之服，而絳衣則紅巾之制，是太祖至此猶未脱宗教色彩也。又庚申外史卷下乙未至正十五年條：（據寶顔堂祕笈本，學津討源本删此段。）

香軍陷安豐，二日陷和州，三日破廬州，宣讓棄城浮海還燕，香軍遂乘勝渡江，破太平建康寧國，遂據江東。既而池州安慶尋復皆没。

紅巾因燒香聚衆，故亦稱香軍。外史之撰著在元明間，時對紅巾史事尚不甚避忌，明人以此條與太祖無關，亦多不删除，而細案其實，則陷安豐廬州者，爲劉福通部，自拔和州以迄渡江至太平集慶寧國等地者，皆太祖兵，是至十五年頃，時人對於此派軍隊，猶目爲紅巾也。

和州爲張天祐攻克，而以太祖總兵柄，太祖雖爲子興義婿，而天祐則子興之内弟，故以勢以親，皆超踰太祖，宜乎太祖視事之感覺棘手。又此書記「上所分地位，徐達帥士卒工將及完，諸人之工，土木並無分毫」。則是太祖之所以超拔群雄，固因智力高邁，而能延攬英才如徐達者輔助於其間，亦爲主要原因。實録易爲「越三日，與諸將閲城，惟上所分者已畢工，諸將多未就」，削去達等勞績，不足以窺見真相矣。

此書載太祖責諸將，語氣和緩，蓋太祖雖假子興之命及設甓城之謀，諸將猶未心折，故不敢作過激之論。實録所改者，辭義方嚴，恐非原貌。

初城中殺傷甚衆，存者甚少，縱有存者，夫婦不相認。一日暇，上馬臺前一小兒，但能言語，不知人情。上謂小兒曰：「汝父安在？」曰：「與官人喂馬。」「汝母安在？」曰：「官人處有，與父「父」下原衍「母」字，據典故本及玄覽堂本删。姊娣相呼。」上知不可，明日，會諸人喻曰：「兵自滁陽來，人皆隻身，並無妻小。今城破，凡有所得婦人女子，惟無夫未嫁者許之，有夫婦人，不許擅有。」期明日闔城婦女男子等盡會衙前。明旦，依期而至，上令婦女入衙，以男子列門外街兩旁，令婦女相繼而出，下令曰：「果真夫婦，即便識認，非夫婦，不得妄爲。」令既下，婦女出完聚者半矣。

實録：初諸將破城，暴横多殺人，城中人民夫婦不相保，上偶出，見一小兒立門外，問曰：「爾何爲？」兒曰：「候我父。」曰：「爾父安在？」曰：「在官養馬。」問其母，曰：「亦在官門下，與父不敢相顧，但以兄妹相呼，我不敢入，故竊候之。」上爲之惻然。即召諸將謂曰：「比諸軍自滁來，多虜人妻女，使民夫婦離散。軍無紀律，何以安衆？凡軍中所得婦女，當悉還之。」明日，聚城中男子及所掠婦女於州治前，至則令婦女居内，男子列門外兩旁，縱婦女相繼出，令之曰：「果夫婦相認而去，非夫婦無妄識。」於是夫婦皆相攜而往，室家得完，人民大悦。

案明史卷一三六陶安傳，記安語太祖曰：「海内鼎沸，豪傑並争，然其意在子女玉帛，非有撥亂救民安天下心。」實則擄婦女，劫金帛，不僅當時一般人爲然，即太祖初起事時亦如此。惜史臣隱諱，不盡可考矣。

辛巳，元將以兵十萬來擊典故本作「攻」。和陽，上惟以萬人守。連兵三月，元兵數敗，而死者多。達典故本作「逮」。夏，元兵解去。和陽乏糧，時元秃堅太子及樞密副使絆住馬義兵元帥陳也先等衆分屯新塘高望青山及鷄籠山，梗原作「更」，據玄覽堂本及典故本改。塞道路，上親帥師以討之。抵所在，克其羽翼，根本未下，明日清晨，固守防慎，寢於山側。不寐復起，有異風來觸，上將謂和陽有兵，先發數隊，歸復寢。未寐，有蛇由右臂而上，旁曰：「蛇上身矣。」上舉臂而視之，乃原作「及」，據玄覽堂本及典故本改。足典故本作「是」。蛇，類龍而無角。上意其必神也，於是祝蛇入帽絳纓，蛇循祝而詣典故本作「入」。絳纓，隱玄覽堂本作「穩」，下同。而弗動。上頂戴其蛇，詣敵寨下，設辭以喻寨主，寨主請降，乃得還師。歸至和陽，將至玄覽堂本作「及」。三里，有卒持矛亦歸，問何往而歸，對曰：「適來賊攻和陽，幕官李善長督兵已敗之矣，而又俘獲馬匹。」上還居處，聞善長已敗敵人，喜氣增益，一時忘蛇在首，久之方悟，取帽視之，其蛇仍隱於絳纓中。時玄覽堂本、典故本作「特」。引觴酌蛇，蛇乃即飲微酒。於是縱蛇入家神牌，蛇乃由中升頂，兩手按牌，矯首四視，儼若雕刻之狀，良久升房入脊桁中，莫知所之，此神龍之報吉凶也。未幾，彼衆皆走渡江。

實録：辛巳，元兵十萬來攻和陽，上以萬人拒守，連兵三月，間出奇兵擊之，元兵數敗多死，及夏乃解去。城中復乏糧。時元太子秃堅及樞密副使絆住馬民兵元帥陳埜先各遣兵分屯新塘高望及青山雞籠山，道梗不通。上帥師往攻之，拔其傍寨，明旦進抵雞籠山側，因解鞍假息。忽有異風來觸，上疑和陽有急，分兵還備，復假寐。俄有蛇緣上臂，左右驚告，上視之，蛇有足，類龍而無角。上意其神也，祝之曰：「若神物則棲我帽纓中。」蛇徐入絳纓中，上舉帽戴之，遂詣敵營，設辭喻寨帥，寨帥請降，乃還師。未至和陽三里，有卒持矛至，言「賊來攻和陽，幕官李善長督兵戰卻之，殺獲甚衆。」上歸喜，因忘前蛇，坐久方悟，脱帽視之，蛇居纓中自若。乃引觴酌，因以飲蛇，蛇亦飲。遂蜿蜒繞神櫝，矯首四顧，復俯神主頂，若鏤刻狀，久之升屋而去，莫知所之，人咸以爲神龍之徵。未幾，敵衆皆走渡江。

案龍有足無手，而此書記「蛇乃由中升頂，兩手按牌，矯首四視」。殊不近實，故實録改爲「復俯神主頂」，勝前多矣。

徐禎卿翦勝野聞記此事云：

太祖在滁，嘗濯手於柏子潭，有五虵擾而就之。因祝之曰：「如天命在予，汝其永附焉。」一日戰畢，群坐藉土，虵忽蜿蜒其側，帝乃掩以兜鍪。頃復報戰，亟載兜鍪而往，是日手刃甚衆。軍法戰勝必祭甲冑，衆推帝功居多，乃置其兜鍪於前，甫奠，忽霹雷大震，白龍夭矯自兜鍪中出，挾雷聲握火光，騰空而去。諸將自是畏服。

此與上文明係同一物語，而記述迥異，蓋傳播愈遠，時代愈久，則神迹愈靈異也。

時濠梁舊雄俞魯孫潘亦乏糧，其部下皆挈家就食於和陽四鄉，其雄孫德崖者欲入城，聲言容玄覽堂本作「客」。居數月，上恐此來有機，意在止之，奈彼衆我寡，若阻其來，儻有戰爭，我必力不及，且容入城。明日，軍入城。彼時滁陽信讒，自滁陽起馬，聞原作「間」，據各本改。多取婦玄覽堂本、典故本作「子」。女，强要三軍財物，意欲歸罪於上，左右讒者欲因是而致上於死地。不旬日間，滁陽王果至。將至之日，上諭諸官：「此來問罪，恐晝不至，若或夜至，諸人直待我至門首，親闢户而迎。」其後果夜至，守門者亦讒人在其中，聞至，彼不行報上，亦不候闢户，「户」字據典故本及玄覽堂本補。先開户而玄覽堂本、典故本作「以」。迎之，二字據玄覽堂本補。迎至下所，乃報入矣。上往視之，滁陽王怒，久而不言。其性剛烈，其言終不能含忍，許久，而謂上曰：「誰？」上答曰「某。」王曰：「其罪何逃？」上曰：「兒女之罪，又何逃耶？家中之事，緩急皆可理，外事當速謀。」王曰：「爾言外事急，何事？」曰：「曩與俞魯孫潘有隙，長者受制，某等搜索圍彼舍宅，踰牆升舍，殺彼祖父母，脱長者之患。今讎人在斯，彼衆我寡。王此一來，與讎人相見，甚慮安危。」王弗信。明日五鼓間，孫德崖遣人謂上曰：「彼翁至矣，吾將他往。」時上大驚曰：「事不諧矣！」急報滁陽以備之。上復與孫會，謂孫曰：「何去之速耶？」曰：「彼翁不可相處者也，故行。」四字據玄覽堂本、典故本補。上觀孫之辭色，未見行凶，特謂：「兩兵合城，今一軍盡起，恐下人有不諧者，公當留後，令軍先行。」諾其言，軍出矣，忽有人邀送友人，時共往，出門一里許，上將辭歸，其初邀者弗舍去，又玄覽堂本作「人」。再囑遠送。於是去城十有五里而止之，後人來報，城内兩軍相傷，小人多死。上聞之，見入彼軍中，事難防禦，玄覽堂本、典故本作「猶豫」。急玄覽堂本、典故本作「即」。呼部下玄覽堂本作「將」。耿炳文吴禎原誤「慎」，據玄覽堂本、典故本及實録改。將騎來，騎至，上急策而長驅，左右軍中大呼擒住，群騎追逐，初彼後而我先，追弗及。我未踰刻，途逢來者，皆抽刃以隘道，上倉皇間緣身尋刃無有，遂單騎挺身入彼叢中，皆舊友人也。彼時人皆疑信未決，乃曰：「彼城中陷某等軍士甚多，公豈無知謀乎？」上謂彼曰：「初爲送諸典故本「諸」下有「友」字。人，所以遠行，不期諸人在後，我反在先，城中之鬧，典故本作「鬥」。吾安能知！」諸人以手銜馬，玄覽堂本、典故本作「以手握馬銜」。意在羈以隨行，上謂之曰：「爾衆我寡，何必如是之行耶？」中一人曰：「散而同行，不妨。」上得脱馬銜，原作「御」，據玄覽堂本及典故本改。力策而馳之，又群馬追逐。彼時衣内被甲，中鎗甚多，典故本作「雖鎗甚多」。皆無重傷，亦無甚損，略有微傷，如麥粒大，皆鎗透連環之甲而傷也。展轉支吾，十有二里，爲群騎所逼，因鎗墜馬。正急間，傍友原作「有」，據玄覽堂本、典故本改。下同。人至，以爲横於崖，呼來同往，上步奔至其所，騎於馬後，同乘載而行之。復至十五里外，其德崖之弟以鐵鎖繫上，欲加害。友人張姓者謂諸人曰：「我等首帥孫德崖見於和陽，想被擒矣，若此時加害於朱，孫必不存，姑存之，而吾往視焉。」張往入城，見滁陽王繫孫之項，共案而飲，張歸謂諸人曰：「依衆所爲，幾傷兩命，今原誤「令」，據玄覽堂本及典故本改。各生存，事不難矣。」其諸人猶未捨恨，尚欲加害，張懇切固留，夜與同寢，恐爲他人所傷，並首護抱而終宵。明旦因入麻湖中羈縻，又明日復上路。行間，徐達等奉滁陽王命以數人至，上謂曰：「汝來爲何？」曰：「易爾。」於是得歸，既歸，亦釋孫歸。

實録：是時濠城舊帥孫德崖等亦乏糧，率所部就食和州四境，德崖因求入城，假居數月，上慮其有他，欲不許，彼衆我寡，力不能拒，不得已許之。適有讒上於子興者，子興怒，即自滁來，欲督過。上聞其將至，謂衆曰：「公旦不即來，必夜至，至則語我，躬迎之。」既而果夜至，會守門者亦與上有隙，故不以報，先迎子興至館，始來言，上亟往見子興，子興怒，不言者久之，已而曰：「汝爲誰？」上稱名以對。子興曰：「汝罪何逃？」上曰：「誠有罪，然家事緩急皆可理，外事當速謀。」子興曰：「何謂外事？」上曰：「孫德崖在此，昔公困辱濠梁，某實破其家以出公，今相見，寧無宿憾，此爲可憂。」子興遂默然。德崖聞子興至，心不自安，明旦五鼓，遣人告上曰：「若翁來，吾將他往。」上大驚，疑必有變，急報子興備之。因往見德崖曰：「何去之速？」德崖曰：「若翁難與共處，故去。」上察其辭色無他，因謂之曰：「今兩軍合處城中，而一軍盡起，恐下人有不諧者，公當留後，令軍先發。」德崖許諾。軍既發，有餞其去者，邀上與俱，因出城行二十餘里，忽城中走報子興德崖兩軍相鬭，多死者，上亟呼耿炳文吴禎策騎而還，德崖軍先發在道者，聞城中有變，又見上馳還，即來追。上躍馬疾馳，追者弗能及。頃之，遇彼軍皆抽刃扼道，上倉卒無兵器，遂單騎入其軍。軍中多故人，一人直前忿曰：

「城中殺害我軍士，汝寧不預謀。」上曰：「吾以送友故出城，城中爭鬭，何由知之。」衆弗聽，亟持上馬銜，擁而行，上曰：「爾衆我寡，何用如是。」有故人云：「且釋銜。」執銜者少縱，上即策馬疾馳，群騎急追，兵及上身，上時衷甲，雖被創而無所傷，展轉十餘里，復爲短兵所及，因墜馬，顧路左適有乘馬者在旁，亦與上有舊，呼與同載，上奔躍乘其馬共載，復行數里，遇德崖弟，麾兵欲加害。有張某者語衆曰：「吾帥孫公在和陽，存亡未可知，萬一無事而先害朱公，郭公必逞憾於孫公，得無兩傷乎？姑少待，吾且往觀之。」張乃入城，見子興繫德崖項，與之對飲，即還告曰：「若從衆所爲，幾害兩人，今彼此無恙，事不難釋。」然衆怒猶未息，張極力營解，是夕與上同寢處，護視甚至，張蓋嘗德上者。明日復拘入麻湖中，又明日子興聞上被執，憂恚如失左右手，亟遣徐達等數人往代上。達等至，衆不可，張曰：「不如釋朱公，令還以出我公。」於是上得還。既至和陽，子興亦釋德崖去，既而徐達等亦脱歸。

案此書記「自滁陽起馬，聞多取婦女，强要三軍財物，意欲歸罪於上，左右讒者欲因是而致上於死地」，則是太祖之軍紀亦甚壞，故人得乘而間之。實録改爲「適有讒上於子興者，子興怒，即自滁來，欲督過」，則盡泯其迹。

此段處處可見太祖爲郭子興之家丁或部曲，故謂：「上曰：『兒女之罪，又何逃耶？』」又謂「長者受制」。至後修實録多删去，惟留「若翁難與共處」句，是猶百密之一疏耳。

此書記：「群馬追逐，彼時衣内被甲，中鎗甚多，皆無重傷，亦無甚損，略有微傷，如麥粒大，皆鎗透連環之甲而傷。」是太祖被鎗，略有傷，特不甚重耳。實録改爲「上時衷甲，雖被創而無所傷」，則成無傷矣。此書記「德崖之弟以鐵鎖繫上，欲加害」，是太祖曾受桎梏辱，實録改爲「麾兵欲加害」，意義不同。此書記張姓友人夜與太祖同寢，「恐爲他人所傷，並首護抱而終宵」。是太祖雖經友人斡旋，處境仍險，實録僅謂「護視甚至」，不足以盡其實。凡此皆後修實録故爲諱飾處。

太祖自南略定遠，甓城和州，徐達始終與合作。此次挺身往代，更可見兩人情誼之篤。達之所以爲太祖親信以躋開國功臣者，其來非一朝也。

彼時滁陽王聞上被擒，驚憂致疾，後終不復起，卒於和陽。

實録：初子興既執德崖，欲殺之以報前憾。及聞上被執，乃釋德崖去。然心常怏怏，憂悶致疾。久不起，歸葬滁州。子興濠州定遠縣人，其先曹州人也。父郭公，少好星曆，年壯猶未娶，遊術至定遠，言人禍福壽夭多驗，邑人信之。邑中富翁家有女瞽而未嫁，郭公過其門，翁以女命使推之，驚曰：「貴人也。」翁曰：「此女瞽，故未有配。」郭公遂納禮娶之。既娶不數年，家業日殷，生三子一女，子興其中子也。始生，父卜之曰：「是兒得佳兆，異日當大貴，興吾家者必此兒也。」既長，兄弟三人皆善殖貲産，由是豪里中。元末民間造訛言流傳四方，子興察其言，知天下必有變，乃散家財，陰結豪傑。至正辛卯（十一年），天下兵起，壬辰（十二年）二月乙亥，子興遂與所結豪傑子弟攻拔濠州城據之，自稱元帥。爲人勇悍善戰，而性倖直不能容物，故卒以憤恨而終。後上即位，追封滁陽王，配張氏，封夫人，子某爲都元帥，攻集慶路戰死，季女事上爲惠妃。

未幾，潁汝倡亂者杜遵道劉福通立韓林玄覽堂本、典故本作「寒林」，事略「林」下有「兒」字。爲君，都於亳。時群雄是其門弟子，皆從者。玄覽堂本作「召亂雄是其門弟子者從之」。寒林造言之苗「苗」字據各本補。裔也，事略作「韓林兒造言宋苗裔也」。時王方卒，歸葬滁陽，未久，聞召諭造言門弟子孰先後之創亂之功孰魁，況孫德崖之以滁陽爲部將，意欲統滁陽之子。事略作「衆」。其子聞之懼，辯不能，以文召上代辯。上總兵於和陽，日與元戰，三軍與群官聞上有他往，不悅。時諸戰將謂張天祐曰：「公當自察，果能率衆禦胡，則朱往，不然則公往。」言既，張自知率衆難事，情願代往，時發兵及親「親」字據各本補。率將和陽征西南民寨，節次削平。其時張自亳歸，齎亳州杜遵道文憑，授滁陽王子爲都元帥，張爲右副，上爲左副。

實録卷三：乙未（至正十五年）夏四月丁丑，子興既卒，孫德崖欲統其軍，子興之子聞之懼，不能辯，乃以書邀上代辯之。上方日與元兵戰，諸將聞上欲往，不悅，乃止。時汝潁倡亂者杜遵道劉福通等自碭山夾河迎韓山童之子林兒爲帝，居於亳，遣人詣和陽招諸將，欲爲己用。諸將詣張天祐曰：「公度自能率衆禦元兵乎？不然，公當往。」天祐自揆不能，遂往。上時發兵及親率將士取和陽西南民寨，次第平之。天祐尋自亳歸，賫杜遵道檄，推子興之子爲都元帥、天祐爲右副元帥、上爲左副元帥，上曰：「大丈夫寧能受制於人耶？」遂不受。

王源居業堂集卷六與友人論韓林兒書：「韓林兒非名林，林兒兩字一音，北人土語，牧豎小字，猶漢之劉盆子也。」今案王説甚是，此書止作韓林，不作韓林兒。

未久，和陽乏糧，謀欲渡江，奈無舟楫，諸軍飢餒，窘甚。時巢湖内操舟水雄雙刀趙李扒頭者，讎於廬州左君弼，其李玄覽堂本、典故本作「趙」。力不及，被原作「彼」，據玄覽堂本及典故本改。窘於巢湖，因無依倚，遣人來訴，欲以舟師歸我。訴者凡三至，後上親往。夏五月，值天大雨，連陰二旬不止，山川溢流，且降者皆船居，若非潦水盈溢，雖有船降，不能得達和陽水道。時有元蠻子海牙率巨舟以扼原作「把」，據玄覽堂本、典故本改。其要，不得自由而出，因潦水盈溢，平昔非船可達之所，其降船揚帆順趨，直抵和陽北。降舟未至，先説誘蠻子海牙部下以舟南來，後果至，候隘要而擒之。首目一，軍士十八人，原作「一千八百人」，據玄覽堂本、典故本改。實録作「十九人」。皆善操船者，喻令教我軍士水戰。

實録：未幾，和陽乏糧，上與諸將謀渡江，患無舟楫，時雙刀趙李普勝俞通海父子擁衆萬餘，船千艘，據巢湖結水寨，與廬州左君弼有隙，屢被其窘，懼爲所襲。五月丁亥，遣俞通海間道來附，乞發兵爲導。使凡三至，上謂徐達等曰：「方謀渡江而巢湖水軍來附，吾事濟矣。」遂親往巢湖，與李普勝等會，就觀水道，以舟出和陽。時銅城閘馬場河等隘口皆爲元中丞蠻子海牙水寨所扼，惟一小港可達，然淺涸不可通大艦，已而大雨兼旬，川谷流溢，素非行舟處，皆水深丈餘，上喜曰：「天助我也。」遂乘漲發巢湖，舟魚貫而出。至黄墩，雙刀趙以所部叛去，餘舟悉至和陽。方降舟之未至，遣人誘蠻子海牙軍來互市，遂執之，得十九人，皆善操舟者，令其教諸軍習水戰，命廖永安張德勝俞通海等將之。

案此書之李扒頭即實録之李普勝，扒頭蓋其綽號。實録文求雅馴，始易以真名，然不足以見草澤英雄之真相矣。又雙刀趙即趙普勝，實録不並易之，何耶？

壬寅，上率舟師抵峪溪，破蠻子海牙水寨，遂與諸將定渡江之計。

實録：「壬寅，上帥舟師攻蠻子海牙於峪溪口，敵舟高大，不利進退，永安等操舟如飛，左右奮擊，大敗其衆。遂與諸將定渡江之計，諸將咸欲直趨金陵，上曰：「取金陵必自采石始，采石南北喉襟，得采石，金陵可圖也。」」

案此書時代較早，文字簡質，實録後出，文詳。

是後六月一日，發舟渡江，達江口，時方酉未，去軍後六十里，濃雲障原作「陳」，據玄覽堂本及典故本改。天，轟雷掣電，典故本作「地」。不敢輕渡，其風電雷雨約五時玄覽堂本、典故本「時」下並有「整」字。止於是方，弗移。明日天將明，軍分兩道，右由「由」字據玄覽堂本及典故本補。西南，左原作「右」，據玄覽堂本及典故本改。由東北，俱會牛渚磯上。其時雷息電隱，西風和暢，軍士歡融，艫棹齊興，微風揚帆。上與廖將軍同玄覽堂本、典故本作「首」。行，不踰時，抵江東北。未著岸之先，廖將軍曰：「舟泊何所？」上謂曰：「采石正鎮，陸廣人稠，其牛渚磯周際原作「濟」，據玄覽堂本、典故本改。江淵，況備者寡，可先取其磯。」舟抵岸，其備者持矛來應，上令軍玄覽堂本、典故本作「甲」。士應之，彼不敢當，備磯者潰，備鎮者亦潰，遂下采石及沿江諸壘，盡破降之。時諸軍飢餒久矣，一見糧食孳畜，盡意欲取，意在盈舟而歸。上視軍意不過圖財而已，此去再欲復渡，恐事難爲，不能據有江東。于是以刃斷群舟之纜，推入急流。須臾，舟漾漾而東下。諸軍恐之，有告上曰：「如此若何？」上謂諸軍曰：「前有州曰太平，子女玉帛，無所不有。若破此一州，從其所取，然後方放汝歸。」令畢，諸軍皆食，食既，師往太平城下。時元平章完者不花守其城，我軍奮擊良久，遂拔之。僉事張旭原誤「把」，據玄覽堂本、典故本及實録改。遁去。父老出城迎上，諸軍已入城矣，思前號令，恣意擄掠，然斯軍愚，不知也，當未渡江及已渡江時，雖曾省會子女玉帛從其所欲，不過獎軍行爾。彼時已與幕官李善長寫成禁約，不許虜掠，榜文令吏賫行。一城之民，見軍虜掠，倉皇無措。乃令前吏貼禁約三字玄覽堂本、典故本作「昭示」。榜文，諸軍觀榜之後，凛然無敢犯者。獨一軍故違禁止，再喻弗悛，於是斬首示衆。自斯之後，太平一郡，即日皆寧。

實録：六月乙卯朔，上率徐達馮國用邵榮湯和李善長常遇春鄧愈耿君用毛廣廖永安各引舟渡江，將出江口，會日暮，忽軍後數十里黑雲蔽天，雷電風雨大至，舟遂止。丙辰，黎明將渡，雲分兩道，右由西南，左由東北，俱覆牛渚磯。時西北風順，舳艫齊發，軍士皆歡躍。上與永安舉帆前行，永安請所向，上曰：「采石大鎮，其備必固，牛渚磯前臨大江，彼難爲備禦，令往攻之，其勢必克。」乃引帆向牛渚，風力稍勁，頃刻及岸。守者驚駭，出兵來拒，上麾甲士以進，敵不支即走。常遇春奮戈先登，諸軍鼓勇繼之，采石鎮兵驚潰，遂拔之。緣江諸壘，望風迎附。諸將以和陽饑乏，見糧畜，各欲資取而歸，上察諸軍無進取意，乃謂徐達等曰：「今舉軍渡江，幸而克捷，即當乘勝徑取太平。若聽諸軍取財物以歸，再舉必難，江東非我有，大事去矣。」因令悉斷舟纜，推置急流中，舟皆順流東下。諸軍大驚，問故，上曰：「成大事者不規小利，此去太平甚近，舍此不取，將奚爲？」於是諸軍皆聽命。乃令軍中皆食，食已，即率衆自觀渡向太平橋，直趨城下。元平章完者不花、萬户萬鈞、達魯花赤普里罕忽里閉城拒守，上縱兵急攻，遂拔之。完者不花與僉事張旭等棄城走，執其萬户納哈出。太平路總管靳義出東門赴水死，上聞之曰：「義士也。」具棺斂葬之。耆儒李習陶安等率父老出城迎上，安見上狀貌，謂習等曰：「龍姿鳳質，非常人也，我輩今有主矣。」上之發采石也，先令李善長爲戒戢軍士榜，比入城，即張之。及拔城，士卒欲剽掠，見榜揭通衢，皆愕然不敢動。有一卒違令，即斬以徇，城中肅然。富民陳迪獻金帛，即以分給諸將士。

案諸將劫糧歸巢，猶是群盜故伎，此書記：「上視軍意不過圖財而已，此去再欲復渡，恐事難爲，不能據有江東。于是以刃斷群舟之纜，推入急流。須臾，舟漾漾而東下。諸軍恐之，有告上曰：『如此若何？』上謂諸軍曰：『前有州曰太平，子女玉帛，無所不有。若破此一州，從其所取，然後方放汝歸。』」亦可見其時軍紀蕩廢，故太祖激勵諸將，不過以子女玉帛爲誘餌。迨實録記事則不然，實録先載太祖告徐達：「今舉軍渡江，幸而克捷，即當乘勝徑取太平。若聽諸軍取財物以歸，再舉必難，江東非我有，大事去矣。」又書其斷纜放舟事：「因令悉斷舟纜，推置急流中，舟皆順流東下。諸軍大驚，問故，上曰：『成大事者不規小利，此去太平甚近，舍此不取，將奚爲？』於是諸軍皆聽命。」則堂皇冠冕，全無利誘意矣。此書云：「諸軍觀榜之後，凛然無敢犯者。獨一軍故違禁止，再喻弗悛，於是斬首示衆。」是此卒犯令，再喻不改，始以軍法從事，實録改爲有一卒違令，即斬以徇，亦與此小異。又實録記「富民陳迪獻金帛，即以分給諸將士」，揆以軍士以往劫掠情形及此次出征之動向，是否爲太祖向迪勒索以厭軍心者，亦難言也。

不踰數日，元臣蠻子海牙率巨舟封采石江，原作「采江」，玄覽堂本同。典故本作「采石」，此據實録改。閉姑孰之口，絶我歸路。將及十日，義兵元帥陳也先率兵數萬來寇城下。上按兵於城，觀彼施展，玄覽堂本、典故本作「勇」。以窺彼計。踰二時，彼無奇謀。上遣徐達鄧愈湯和出姑孰之東，轉戰城之北。不踰時，彼兵潰敗。也先被擒，故生之。其人姦詐多端，原作「多姦詐端」，據玄覽堂本、典故本改。忽謂上曰：「生我爲何？」上謂曰：「方今天下，中原鼎沸，豪雄並起，自爲聲教者，不知其數，爾既英豪，豈不知生爾之故耶！」也先曰：「欲我軍降爾。」曰：「然。」彼謂上曰：「軍之首目，皆原誤「背」，據玄覽堂本、典故本及實録改。骨肉親戚爲之，今欲來降，甚爲易哉。」書行，明日來降，首目盡至。

實録：辛酉，元右丞阿魯灰、副樞絆住馬、中丞蠻子海牙等以巨舟截采石江，閉姑孰口，絶我歸路。方山寨民兵元帥陳埜先以衆數萬來攻城，其鋒甚鋭。上按兵城上，察其無他奇謀。乃遣徐達、鄧愈、湯和引兵出姑孰東迎戰，復命别將潛師由間道繞出其後。達等轉戰至城北，忽有雙龍見於陣上雲端，敵衆方仰視驚愕，我師因夾擊之，埜先腹背受敵，大敗，遂擒埜先。上釋不殺，與之語。埜先性譎詐，謂上曰：「生我爲何？」上曰：「天下大亂，豪傑並起，假號令據城邑者，不知其幾，然勝則人附，敗則附人，爾既以豪傑自負，必能識達事機，豈不知生爾之故。」埜先曰：「然則欲吾軍降乎？」上曰：「然。」埜先曰：「此易爾，軍之將校，皆吾親故，喻之即來。」乃爲書招之，明日衆皆降，阿魯灰、蠻子海牙等見埜先兵敗，不敢復進攻，率其兵還駐峪溪口。

甲子，克溧水。

實録：甲子，徐達克溧水州。

七月壬辰，以也先留太平，令部下來會我大軍，命元帥張天祐者合兵取建業，初攻原誤「功」，據玄覽堂本、典故本及實録改。弗克，軍回。

實録：秋七月壬長，發兵攻集慶路，留陳埜先於太平，命元帥張天祐率諸軍及埜先故部曲以行，兵至集慶，攻之，弗克而還。

不踰月，再征，其也先密謀於部下，建業不可力攻，必聲攻城而弗戰。少待，得脱羈囚，仍與元合。上知彼不誠意，縱軍妄掠，將以爲俘囚而斬之。恐驚諸雄，於是血牛馬與彼立誓，立誓之後，寧可生縱以歸。彼既歸矣，陰與元合。人云方三日，也先嘔血，背盟明驗也。

玄覽堂本、典故本作「野先忽數嘔血，乃背盟之驗也」。

實録：八月庚申，復議遣兵攻集慶。初陳埜先以書招降其衆，意其未必從，陽爲招辭，陰實激之。不意其衆遽降，埜先自念失計，心恒不安。及聞再出師攻集慶，私謂其部曲曰：「汝等攻集慶毋力戰，俟我得脱還，當與元合。」有以其謀告者，上曰：「吾久知其不誠，然殺之恐失豪傑心。」乃召埜先謂曰：「人各有心，識見不同，從元從我，任汝所適，不相强也。」埜先自誓曰：「若背再生之恩，神人共殛之。」乃縱之還。埜先既辭去，我師亦止不行。○戊辰，陳埜先既歸，收其餘衆屯於板橋，陰與元福壽合，而陽爲報曰：十二日率師至臺城八里岡，與元兵遇，殺獲不可勝計，生擒五人，獲馬數十匹。因言：「集慶城池右環大江，左枕崇岡，三面據水，以山爲郭，以江爲池，地勢險阻，不利步戰，昔王渾王濬造戰船謀之累年，而蘇峻王敦皆非陸戰以取勝。隋取江東，賀若弼自揚州、韓擒虎自廬州、楊素自安陸，三道戰艦同時俱進，然後克之。今環城三面阻水，元帥與苗軍聯絡，其中連寨三十餘里，攻城則慮其斷後，立寨則糧運不繼，竭力前進，脱有不虞，反爲後患。莫若進兵南據溧陽，東搗鎮江，據險阻，絶糧道，示以持久，可不攻而自下也。」上知其詐，以書報之曰：「歷代之克江南者，晋之殄吴，隋之平陳，曹彬之取南唐，皆以長江天塹限隔南北，故須會集舟師，始克成功。今吾大軍既渡江，據其上游，彼之天險，我已越之，彼之嗌喉，我已扼之，舟師多寡，不足深慮，捨舟步進，足以克捷，自與晋隋勢殊事異。足下效勤宣力，正宜乘時進取，建勳定業，奈何舍全勝之策，而爲此迂迴之計耶！」

案此書謂太祖知陳也先降意不誠，縱兵劫掠，欲殺之，恐驚他雄。似於其陰附元朝之事並不確知，故猶結以信誓。實録則改作太祖已預知其謀，而喻以「人各有志，識見不同，從元從我，任汝所適，不相强」。因以導出也先之自動明誓。於此可見太祖之氣量，而與史實之距離自甚遠矣。

然密請元臣左納失里至營，佯言生擒，意在誘上詣營。時上卜於黄山東嶽，嶽神弗許。數卜於城隍，連揭玄覽堂本、典故本作「皆」。一籤耳，亦不許。

實録：九月癸未朔，陳埜先既得書，知其詐不行，復謀以計致上，密約元將左答納識里至其營，佯言生得之，紿上臨其軍受俘。上曰：「此賊多詐，最叵信，姑許之，不往。」

誘營之計，此書謂太祖詣神叩吉凶云云，是其初亦爲也先所惑。實録爲示太祖英明，而改爲「上曰：『此賊多詐，最叵信，姑許之。不往。』」遂成未爲所愚。

九月戊戌，也先謀叛，誘殺郭元帥等數人。時三軍復攻建業，也先背盟棄誓，陰合元帥敗我軍於秦淮之水，殺溺二萬餘。也先因進迫玄覽堂本、典故本作「追北」。我軍，爲義兵所殺，身瘡千竅。當血牛馬時，其誓書乃也先自爲也，誓云：「若背再生之恩，人神共怒，天所不容。」也先之死，天鑒誓言，不一月而亡。立誓之道，非誠意正心，安可輕立也哉？

實録：戊戌，命元帥張天祐率所部軍攻集慶。己亥，天祐等至方山，攻破左答納識里營，走之。陳埜先遂叛，與元福壽合兵來拒，戰於秦淮水上。我師失利，天祐郭元帥皆戰死。郭元帥子興之子也。○己酉，陳埜先追襲我軍於溧陽，經葛仙鄉，鄉寨民兵百户盧德茂惡埜先反覆，謀殺之，遣壯士五十人衣青衣出迎埜先，埜先不虞其圖己，與十餘騎先行，青衣兵自後擊之仆地，攢槊刺之。埜先死，其下復推埜先從子兆先領其衆。初埜先白誓而歸，即陰與元合，纔三日，忽嘔血，至是身被重創而死，人皆以爲違誓之譴。

案陳基夷白齋稿卷二十南臺御史大夫西夏永年公(即福壽)勳德詩序記陳也先事與此異，文云：先是淮西義兵元帥陳也先率其徒渡江，屯集慶城南之板橋。行臺用言者計，命也先與官軍並征太平，已而我師失利，也先陷賊，賊質其妻子，使爲先鋒，務必取集慶。也先素服公威信，輸密款，願擒首賊以自效。衆皆疑其詐，公獨決聽之無惑，下令俾官軍與也先表裏合攻，遂生擒僞元帥郭張二人及其餘僞官甚衆，殺死者無算。因乘勝逐北，鼓行趣太平，且旦暮克復。而也先爲鄉兵誤殺，舉軍痛惜之。公命訪其屍收葬，且録其子弟，贍其徒衆，士氣復大振。

據此，太祖質也先妻子，始使爲先鋒，非徒恃信誓。也先倒戈，郭張所部傷亡甚夥，此書亦謂殺溺二萬餘，實録則僅言我軍失利，失之諱矣。又詩序謂也先爲鄉兵誤殺，果爾，則實録謂惡其反覆殺之者，亦有疑問。

時郭天叙爲都元帥，張天祐爲右副元帥，太祖位居第三，爲左副元帥。郭張既亡，太祖遂獨領子興兵。故也先之叛，就太祖言，亦可謂不幸中之幸，蓋此爲其由裨將陞主帥之一機會也。

時蠻子海牙以舟師原作「帥」，據玄覽堂本、典故本及實録改。**泊於采石江，密邇姑孰，彼**

以兵襲之，玄覽堂本、典故本作「彼以舟楫之利」。不時直造城下，於是命工造巨礟，以舟「舟」字據玄覽堂本、典故本補。載之。

實録：冬十二月壬子朔，元中丞蠻子海牙復率舟師進扼采石江以阻絶南北，欲伺間攻太平。上知之，乃命治石礟，載以巨艦，選精兵守害以待之。

至正丙申十六年春二原作「三」，據玄覽堂本、典故本及實録改。月，上率諸軍親攻采石，自辰抵午，擊破之，俘獲人船以歸。其蠻子海牙率殘軍會福壽大夫、高納麟大夫、阿魯灰平章共守建業。時采石寧謐，姑孰無後顧之憂，復卜於神祠，神乃許行。

實録卷四：丙申春二月丙子，上率常遇春等擊蠻子海牙於采石。時敵舟聯絡江上，勢甚盛，乃命遇春設疑兵以分敵勢，而以大兵薄之。及戰，遇春率舟師衝其中，敵舟分爲二，我師左右縱擊，飛礟中敵舟輒糜碎，自辰至午，戰益急，敵大敗，俘獲萬計，盡得其舟艦。蠻子海牙以餘衆走集慶。

案此書記：「時采石寧謐，姑孰無後顧之憂，復卜於神祠，神乃許行。」可見其時太祖之迷信神祇及假神意行事，實録盡删之者，殆以此歟？

三月一日兵起，三日抵原誤「拔」，據玄覽堂本、典故本改。其營。也先之姪出戰，不踰二刻，營壘皆破，也先姪陳七盡以其軍降。明日點視其軍，馬步三萬六千。既得之後，也先諸將尚未安寧，時也先善戰勇士五百人已收麾下，觀其情狀，人各有疑，至暮，當嚴宿衛。

上以心腹原誤「服」，據玄覽堂本及典故本改。舊人處於外，獨五百人統玄覽堂本、典故本作「託」。以近衞，上不披甲冑處於中，獨馮勝親侍。上恬「恬」字據玄覽堂本及典故本補。寢一宵，無疑彼心。黎明，其五百人自相歡慶，咸相謂曰：「誠生我也。」於是諸軍「軍」字據玄覽堂本及典故本補。雄威倍出，願效前驅。庚寅，帥往建業，攻破其城，元福壽大夫死之，殺其平章阿魯灰、參政百家奴，擒御史王槐，玄覽堂本作「稷」。元帥康茂才以衆降。上去城五里，遥見諸軍已拔城矣，江東由是而定。

實録：三月辛巳朔，上率諸軍取集慶，自太平水陸並進。癸未，至江寧鎮，先攻陳兆先營，大破之，進拔其栅，擒兆先，盡降其衆，得兵三萬六千人，擇其驍勇者五百人置麾下。五百人者多疑懼不自安，上覺其意，至暮，令其悉入衞，屏舊人於外，獨留馮國用侍卧榻旁，上解甲酣寢達旦，疑懼者始安。乃相語曰：「既活我，又以腹心待我，何可不盡力圖報。」及攻集慶，多先登陷陣。○庚寅，上進兵集慶，未及城五里，諸軍鼓譟而進，元兵皆破膽。行臺御史大夫福壽督兵出戰，我師擊敗之。福壽閉城拒守，大軍傅城下，將士以雲梯登城，城中莫能支，遂克之。福壽猶督兵巷戰，兵潰，坐伏龜樓前，指揮左右，更欲拒戰，或勸之遁，福壽叱而謝之，督戰不已，遂死於兵。平章阿魯灰、參政伯家奴及集慶路達魯花赤達尼達思等皆戰死，獲其御史王稷（一本作「槐」）元帥李寧等三百餘人，蠻子海牙走投張士誠。水寨元帥康茂才苗軍元帥尋朝佐許成劉哈剌不花、海軍元帥葉撒及阿魯灰部將完都等各率衆降，凡得軍民五十餘萬。上入城，悉召官吏父老人民諭之曰：「元失其政，所在紛擾，兵戈並起，生民塗炭，汝等處危城之中，朝夕惴惴，不能自保。吾率衆至此，爲民除亂耳。汝宜各安職業。毋懷疑懼。賢人君子有能相從立功業者，吾禮用之。居官者慎勿暴横，以殃吾民。舊政有不便者，吾爲汝除之。」於是城中軍民皆喜悦，更相慶慰。

案實録載太祖入金陵，再三宣示爲除暴安民，而觀此書前載劫掠情形，則此種諸言之實施程度，正亦難言也。

將欲發兵二字據玄覽堂本及典故本補。取京口，上不親行，恐帥首縱諸軍焚掠太甚，猶豫未決。明日坐徐達以罪，佯爲玄覽堂本、典故本作「謂」。不生，乃令李善長再三求免，上謂曰：「既犯號令，安可求生，若必全生，令爾帥三軍下京口廬舍不焚，民無酷掠，方免斯罪。」

實録：辛卯，上既定金陵，欲發兵取鎮江，慮諸將不能禁戢士卒，爲民患。明日，召諸將，數以嘗縱士卒之過，欲置之法，李善長懇救乃免。於是命徐達等將兵以往，戒之曰：「吾自起兵，未嘗妄殺，今汝等將兵往，當體吾心，戒戢士卒，城下之日，毋焚掠，毋殺戮，有犯令者處以軍法，縱之者罰無赦。」諸將皆頓首曰：「謹受命。」

據此書，士兵之焚掠舊習猶未除，故太祖不得不諄諄告誡之。又此書謂太祖佯欲置徐達於法，實録則易達爲「諸將」，蓋達仕至大將軍右丞相，德隆望高，理宜爲諱。且達女仁孝皇后配成祖，三修館臣更不敢直書無隱。然則此例亦可爲是書出於初修本之證歟？

丙申，遣徐達率湯和張德麟廖永安等舟師取鎮江。丁酉，克之，殺平章定定。下「定」字據玄覽堂本、典故本及實録補。民無兵刃之災，舍無焚燒之廢，京口之民全生，皆達等奉命之篤也。因以徐達湯和爲元帥守之。

實録：丙申，徐達湯和張德麟廖永安等進兵攻鎮江，丁酉，克之。苗元帥完者圖出走，守將段武平章定定戰死。達等自仁和門入，號令嚴肅，城中晏然，民不知有兵。

案實録不謂徐達奉命甚篤，以見其號令嚴肅出於自動，非受太祖所强迫者，亦爲之諱也。

夏四月乙丑，克金壇縣。

實録同。

六月甲子，取廣德路。

實録：六月乙卯，元帥鄧愈邵成總管湯昌率兵攻廣德路，克之。改爲廣興府，置廣興翼行軍元帥府，以鄧愈邵成爲元帥，湯昌爲行軍總管。

案六月庚戌朔，實録繫取廣德於乙卯，爲初六日，此書繫於甲子，爲十五日，未詳孰是。

秋七月，姑蘇張士誠以舟師來攻鎮江，上遣兵禦之。癸巳，戰於龍潭，破之，焚其舟，殺溺甚衆，我師遂乘勝進原作「追」，據玄覽堂本、典故本改。攻常州，時「時」字據玄覽堂本補。徐達等守東鄙，上謂之曰：「其張士誠者，起於盜玄覽堂本、典故本作「鹽」。徒，術務經紀，詐出多端，交必有變，鄰必有間，當速出三軍以攻毗陵，儻「儻」字據玄覽堂本及典故本補。有説客，勿令擅言，沮其謀徒，玄覽堂本、典故本作「詐術」，實録作「詐謀」。困其營壘。」於是達等監玄覽堂本、典故本作「益」。督兵攻圍常州。未幾，有義兵鄭僉院者，率甲士七千叛入常州，反來攻營，達督兵與戰，常遇春引兵由東壘擊之，大破其衆，俘斬大半，復圍常州浹玄覽堂本、典故本作「逾」。旬，彼衆宵遁，遂克其城。

實録：七月辛巳，張士誠誘我斥候，以舟師攻鎮江，統軍元帥徐達等禦之，敗其軍於龍潭。上聞，使諭徐達曰：「張士誠起於負販，譎詐多端，今來寇鎮江，是其交已變，當速出軍攻毘陵，先機進攻，沮其詐謀。」於是達帥師攻常州，進薄其壘。且遣使來告，賊已窘迫，請益師以破之，上復遣兵三萬往助之。於是達軍於城西北，湯和軍城北，張彪軍於城東南。士誠遣其弟張九六以數萬衆來援，達曰：「張九六狡而善鬬，使其勝，勢不可當，吾當以計取之。」乃去城十八里，設伏以待，仍命總管王均用率鐵騎爲奇兵，達親督師與九六戰，鋒既交，均用鐵騎横衝其陣，陣亂。九六退走，遇伏馬蹶，爲先鋒刁國寶王虎子所獲，并擒其將張湯二將軍。九六即士德，梟鷙有謀，士誠陷諸郡，士德力爲多，既被擒，士誠氣沮。上欲留士德以誘致士誠，士德間遣書士誠，俾降元以謀我，乃誅之。〇十一月壬午，徐達兵圍常州，久不下，上復益達精兵二萬人圍之。士誠守將誘我長興新附義兵元帥鄭僉院以兵七千叛去。初我師四面圍常州，及鄭僉院叛，我師四面去其三，達營於城南，常遇春營於城東南三十里外，士誠兵挾鄭僉院攻徐達湯和壘，達勒兵與戰，常遇春廖永安胡大海自其壘來援，内外夾擊，大破之，生擒其將張德，餘軍奔入城，士誠復遣其將吕珍馳入常州，督兵拒守，達復進師圍之，城中益困。

初我師攻城急，士誠遣書卑詞求和，願歲輸米二十萬石，金五百兩，銀三百觔，以充軍用。上命移檄報之曰：「春三月取鎮江，兵抵奔牛壘城，彼時玄覽堂作「將」。來降，繼復叛去，皆爾所謀，納我逋逃之人，拘我通好之使，予之興師，亦豈得已。既蒙許納玄覽堂本、典故本作「給」。軍糧，中更爽約，原其所自，咎將誰歸？今若果能再鑒玄覽堂本作「堅」。前盟，分給糧儲五十萬石，歸我「我」字據玄覽堂本、典故本補。使者，則常州之師即罷，而争端永絶矣！」士誠不從，故遂攻常州。玄覽堂本、典故本作「取之」。

實録：十月戊申，張士誠兵既敗於常州，又以其弟九六被擒，士誠懼，遣其下孫君壽奉書來請和曰：「始者竊伏淮東，甘分草野，緣元政日弛，民心思亂，乘時舉兵，起自泰州，遂取高郵，東連海堧，番官將帥，併力見攻，自取潰散，殺其平章實理門、參政趙伯器，遂成深讎。彼乃遣翰林待制烏馬兒齎詔撫諭，餌以爵賞，卻而不受。今春據姑蘇，若無名號，何以服衆，南面稱孤，勢使然也。伏惟上賢以神武之資，起兵淮右，跨有江東，金陵乃帝王之都，用武之國，可爲左右建立大業之賀。向獲詹李二將，禮遇未遣，繼蒙遣使通好，愚昧不明，久稽行李，今又蒙遣兵逼我毘陵，晝夜相攻，咎實自貽，夫復何說。然省己知過，願與講和，以解困阨，歲輸糧二十萬石，黄金五百兩，白金三百斤，以爲犒軍之資，各守封疆，不勝感恩。」上復書曰：「睦鄰通好，有邦之常，開釁召兵，實由於爾。向者用師京口，靖安疆場，師至奔牛呂城，陳保二望風降附，爾乃誘其叛逆，給執我詹李二將。暨遣儒士楊憲齎書通好，又復拘留，搆兵開釁，誰執其咎。我是以遣將帥兵，攻圍常州，生擒張湯二將，尚以禮待，未忍加誅，爾既知過，能不墜前好，歸我使臣將校，仍餽糧五十萬石，即當班師。況爾所獲詹李乃吾偏裨小校，無益成敗，張湯二將，爾左右手也。爾宜三思！大丈夫舉事，當赤心相示，浮言誇辭，吾甚厭之。」士誠得書不報。

明年至正十七年。**復破其兵於宜興湖橋，擒其弟張九六，并獲其戰船馬匹。**

案實録繫此於至正十六年七月，具見前引。錢氏國初群雄事略卷七據宋濂趙德勝神道碑以爲應移於十七年七月。錢考此役明將爲趙德勝，實録作徐達者，蓋舉其主帥也。錢云：「湖橋在虞山西北，通福山港，爲舟師入江要地，故士德被擒於此。陳基由琴川次福山港，舟中望虞山，至今可想見其處。（陳基夷白齋稿卷十癸卯二月二十日舟中看虞山有感詩：「一望虞山一悵然，楚公曾此將樓船，間關百戰捐軀地，慷慨孤忠罵寇年，填海欲銜精衛石，驅狼願假祖龍鞭，至今父老猶垂淚，花落春城泣杜鵑」。）本紀曰宜興，傳寫之譌也。」

夏四月丁卯，取寧國。降其守帥，獲其戰士，屬縣皆平。

實録卷五：丁酉（至正十七年）夏四月丁卯，克寧國路。先是上命徐達常遇春率兵取寧國，長槍元帥謝國璽棄城走，守臣別不花楊仲英等閉城拒守。城小而堅，攻之久不下，遇春中流矢，裹創與戰。上乃親往督師，既至，登高望曰：「如斗之城，敢抗吾師！」乃命造飛車，前編竹爲重蔽，數道並進攻之，仲英等不能支，開門請降，百户張文貴殺妻妾自刎死，禽其元帥朱亮祖，并得其軍士十餘萬，馬二千餘匹，於是屬縣太平旌德南陵涇縣相繼皆下。

五月壬午，銅陵縣降，遂破雙刀趙兵於青陽縣，克江陰城。

實録：五月己卯，銅陵縣尹羅得泰、萬户程輝降。○壬午，常遇春率部將士王敬祖等以師駐銅陵。池州路總管陶起祖來降，且言城中兵勢寡弱可取之狀，遇春遂謀取池州。○丙申，常遇春遣興國翼分院判趙忠、元帥王敬祖等攻池州之青陽縣，蘄州徐壽輝將趙普勝出兵來拒，敬祖以數十騎衝其陣，陣亂，衆兵乘勢疾擊，遂破之，克其縣。趙普勝者，本巢湖水軍元帥，初與俞通海等皆來降，中道叛去，降於壽輝，爲人驍勇，善用雙刀，人號爲雙刀趙云。○六月己未，命長春樞密分院判官趙繼祖、元帥郭天禄、鎮撫吴良取江陰。張士誠兵據秦望山以拒我師，繼祖引兵攻之，會大風雨，其兵奔潰，我師據其山。翌日，進攻州之西門，克其城，命良守之。先是士誠北有淮海，南有浙西，長興江陰二邑，皆其要害，長興據太湖口，陸走廣德諸郡。江陰枕大江，扼姑蘇通州濟度之處，得長興則士誠步騎不敢出廣德、窺宣歙，得江陰則士誠舟師不敢泝大江、上金焦，至是並爲我有，士誠侵軼路絶。

案此書與實録所記時日多不符，或以實録所記者確，以實録經三次增修，館臣宜有所考訂也。又克江陰實録繫於六月，此書繫於五月，疑此書有脱字。

七月戊寅，元帥胡大海等克績溪。

七原作「正」，據玄覽堂本、典故本及實録改。

實録：秋七月戊寅，元帥鄧愈胡大海等取績溪。

庚寅，取徽州，以鄧愈守之，及其屬縣皆平。

實録：庚辰，元帥胡大海等進兵徽州，守將元帥八思爾不花及建德路萬户吴訥等拒戰，大海擊敗之，遂拔其城。訥與守臣阿魯灰李克膺等退守遂安縣，大海引兵追及於白際嶺，復擊敗之，訥自殺。

九月甲戌，江浙閫海平章夏章遣使請降，元帥汪同馬國寶皆降，命仍前職。

實録：九月癸酉朔，元婺源州元帥汪同與守將鐵木兒不花不恊，以總管王起宗黟縣尹葉茂祁門元帥馬國寶詣雄峰翼降，上命皆仍其官。○甲戌，元江浙平章夏章等來降。

壬辰，破元潘原誤「藩」，據玄覽堂本、典故本及實録改。**萬户兵，乘勝克武康縣。**

實録：丙戌，廣興翼元帥費子賢率兵取武康，至三里橋，與其將潘萬户戰，斬首百餘級，遂下之。

案壬辰爲九月二十日，丙戌爲十四日，兩書所記時日不同。

冬十月壬申，擊破池州兵，斬洪元帥，生擒其將魏壽等，遂平池州。

實録：冬十月壬申，中翼大元帥常遇春率廖永安等自銅陵進攻池州，永安去城十里而軍，遇春及吴國寶帥舟師抵城下合攻之，自辰至巳，破其北門，遂入其城，執元帥洪某斬之，禽别將魏壽徐天麟等，敵衆敗走，得糧九千餘石。薄暮，敵復以戰船百餘艘來逆戰，復大敗之，遂克池州。

案此書不著洪氏名，實録參考他書，雖視此書詳贍，然亦僅云「洪某」，此亦實録因襲是書之明證。

甲申，上率諸軍至大通江，樞密張明鑑以揚州降，得其精兵戰馬，以元帥張德麟玄覽堂本及實録作「林」。耿再成守之。是時天下豪傑雖多，獨上全有江左原作「右」，據玄覽堂本及典故本改。及淮右數郡。上宵晝自思，固保江東諸郡，以觀群雄，若仁者治世，當全江東，共樂承平，於是嚴飭諸將，秣馬厲兵，戍守邊陲。

實録：甲申，上閱軍於大通江，遂命元帥繆大亨率師取揚州，克之，青軍元帥張明鑑以其衆降。初乙未歲（至正十五年），明鑑聚衆淮西，以青布爲號，名青軍，人呼爲「一片瓦」。其黨張鑑驍勇善用槍，又號長槍軍。黨衆暴悍，專事剽劫，由含山全椒轉掠六合天長至揚州，人皆苦之。時元鎮南王孛羅普化鎮揚州，招降明鑑等，以爲濠泗義兵元帥，俾駐揚州，分屯守禦。丙申（至正十六年）三月，明鑑等以食盡，復謀作亂，説鎮南王曰：「朝廷遠隔，事勢未可知，今城中糧乏，衆無所託命，殿下世祖孫，當正大位，爲我輩主，出兵南攻，以通糧道，救飢窘。不然，人心必變，禍將不測。」鎮南王仰天哭曰：「汝等何不知大義，若如汝言，我何面目見世祖於宗廟耶？」麾其衆使退，明鑑等不從，呼譟而起，因逐鎮南王而據其城。鎮南王出走至淮安，爲趙均用所殺。明鑑等既據城，兇暴益甚，日屠城中居民以爲食。至是大亨攻之，明鑑等不支，乃出降，得其衆數萬，戰馬二千餘匹。報至，上命悉送其將校妻子至建康賑給之。置淮海翼元帥府，命元帥張德林耿再成等守之。改揚州路爲淮海府，以李德成知府事，按籍城中居民僅餘十八家，德林以舊城虛曠難守，乃截城西南隅築而守之。

案太祖初起，多藉民兵之助，張明鑑以青衣名軍，初附元朝，後降太祖，即此例也。又此書謂太祖初欲依附豪傑，並無獨樹一幟意，實録去之，豈以無恢弘之志歟？

至正戊戌十八年春正月，院判鄧愈遣兵攻婺源，斬其守將帖木兒不花，遂克其城。

實録卷六：戊戌春正月乙卯，行樞密院判鄧愈遣部將王弼孫虎及汪同孫茂先等取婺源州。兵至城西，與元守將鐵木兒不花戰，自旦至日冥，殺傷五百餘人，不下，乃分門逼之。茂先攻北門，王弼孫虎攻南門，汪同攻東門，三道並進，復殺三千餘人，遂拔其城。斬鐵木兒不花，獲士卒三千人。復遣萬户朱國寶攻高河壘，克之。

三月，元帥胡大海破長鎗軍，取淳安建德等縣。

實録：三月丙辰，克建德路。先是行樞密院判鄧愈、親軍左副都指揮朱文忠、元帥胡大海率兵由徽州昱嶺關進攻建德，道出遂安，未及縣三十里，長鎗元帥余子貞以兵來拒，愈等擊敗之，獲馬百餘匹，追至淳安，敵聞風奔潰，復追擊二十餘里，獲其戰船三十艘，降其兵三千人。遂安守將洪某率衆五千援淳安，大海復戰敗之，生擒將士四百餘人，獲馬三十餘匹。至是軍抵建德，元參政不花、院判慶壽、長槍元帥謝國璽、達魯花赤喜伯都刺、總管楊瑀棄城遁，父老何良輔等率衆降。

夏四月，苗軍參政楊完者以舟師來侵徽州，大海引兵與戰，破之，擒其將董旺吕升。明日，元帥何世明等復敗其軍，擒其將黄牛兒等。

實録：夏四月庚午，元左丞楊完者以舟師攻徽州，胡大海等擊敗之，擒其將董旺吕升。明日，元帥何世明等復敗其軍，擒其將黄牛兒等。

丁丑，總兵李文忠大破苗軍，胡大海復引兵邀擊之，虜其萬户羅壽，其楊完者收餘衆遁還杭州。未幾張士誠取杭州，以上十八字據玄覽堂本、典故本補。遂殺楊完者，其同僉員成率其衆屯桐廬，來乞師。許之，初士誠以水軍來寇，我師禦之，破其衆於太湖鮎魚口。總兵廖永安又與戰於常熟福山港，大破之。繼而復敗其兵於通州郎山，獲其戰船而還。

實録：四月丁丑，完者又攻建德，守將朱文忠擊敗之，獲其萬户羅壽，完者遁去。○六月甲午，張士誠兵寇常熟縣，廖永安與戰於福山港，大破之。○七月庚子，廖永安敗張士誠兵於通州郎山，獲其戰艦而還。○八月己丑，元江浙同僉員成遣苗軍元帥泰不花奉書來納款。初苗帥楊完者自廣西舉義兵攻復陳友諒所據湖廣諸郡，轉至池饒。時張士誠據姑蘇，元江浙行省丞相達識鐵木兒慮爲士誠所侵，乃召完者以兵守杭，累授江浙左丞。完者恃功驕横，達識鐵木兒苦其逼己，復陰約士誠，以兵攻其營，完者倉卒不及備，遂自縊死，其衆皆潰散。至是其部將員成等欲爲報仇，遣泰不花來請降，且言其所部元帥李福等三萬餘人在桐廬，皆願效順。上乃命朱文忠往撫之。

六月癸酉，取石埭縣，遂克宜興。

實録：六月癸酉，中翼右副元帥謝再興元帥趙德勝總管劉貞等，率兵略石埭縣，與陳友諒兵遇，戰敗之，擒其將錢清孟友德張遵道等及部卒四百餘人。○十月甲戌，徐達邵榮克宜興。先是達榮攻宜興，久不下，上遣使謂達等曰：「宜興城小而堅，猝未易拔，聞其城西通太湖口，張士誠餉道所由出，若以兵斷其餉道，彼軍食內乏，城必破矣。」達等乃分兵絶太湖口，而併力急攻城，遂拔之。同知樞密院事廖永安復率舟師擊士誠衆於太湖，乘勝深入，遇呂珍，與戰不利，遂爲所獲。

辛未，取蘭溪州，雙刀趙兵陷建德縣，元帥羅友賢退屯祁門。戊子，友賢引兵與其將張元帥戰於葛公嶺，敗之，斬其萬户汪彦章，復取建德，時聞東浙有隙，婺城可下，密令守嚴州之將胡大海率兵討之，不克。

實録：十月辛未，樞密院判胡大海取蘭溪縣。先是，大海至婺之鄉頭，擒萬户趙伯顏不花雲完都等，平其五壘。是日進攻蘭溪，敵兵千餘出戰，敗之，克其城，獲元廉訪使趙秉仁等十四人，馬牛羊萬頭。立閩越翼元帥府，分兵守其要害，遂進攻婺州。○戊子，元帥羅友賢復取建德縣。時陳友諒將趙普勝既陷池州，又攻建德縣，陷之，友賢退軍祁門，收集精鋭，復出與戰，敗普勝於葛公嶺，斬其萬户汪彦章，普勝遁去，友賢復取建德。

案十月丙寅朔，甲戌爲初九日，辛未爲初六日，戊子爲二十二日，是取蘭溪在前，克宜興在後，此書以連類相從之故，改叙克宜興在前。

十一月，上親征婺州，十二月抵其城，營兩日原作「月」，據玄覽堂本、典故本及實録改。**而城下。民市井**玄覽堂本、典故本作「肆」。**不易，敕將**二字據玄覽堂本、典故本補。**守之，凡六月**

班師。八月，上還京。其後胡大海兵復克諸暨。

實録：十一月甲子，上以樞密院判胡大海兵攻婺州不克，乃自將親軍副都指揮使楊璟等師十萬往征之。○十二月壬午至婺，陞樞密院判胡大海爲僉樞密院事，命掾史周得遠入城招諭，不下，乃督兵圍之。先是元參知政事石抹宜孫守處州，聞大兵克徽州，進攻婺城，與參謀胡深章溢議爲守備，造獅子戰車數百輛，以其弟石抹厚孫守婺。繼令深等將車師爲援，自率衆萬餘出縉雲以應之。深至松溪，聞上至，觀望不敢進。上謂諸將曰：「婺倚石抹宜孫，故未肯即下，聞彼以車載兵來援，此豈知變者。松溪山多路狹，車不可行，今以精兵遏之，其勢必破，援兵既破，則城中絶望，可不勞而下之。」翌日，命僉院胡大海養子德濟誘其兵於梅花門外，縱擊大敗之，擒其前鋒元帥季彌章，并獲其所製鷲馬器仗，深等遁去。深之來也，晨起見西北有黑氛，東南有白氛，其長亘天，頃之，白氛爲黑氛所蕩，深知其不吉，恐衆心驚懼，謬曰：「今日有殺氣，戰必勝。」已而戰敗，城中勢益孤。臺憲將臣畫界分守，意復不相能。於是樞密院同僉甯安慶與都事李相開門納大兵，浙東廉訪使楊惠、婺州達魯花赤僧住皆戰死。執其南臺侍御史帖木烈思院判石抹厚孫廉訪僉事安慶以下官。○甲申，上入婺州，下令禁戢軍士剽掠。有親隨知印黄某取民財，即斬以徇，民皆按堵。城未破，先一日有五色雲見城西，氤氳如蓋，城中望之以爲祥。及城下，乃知爲上駐兵之地。○己丑，立星源翼分院於婺源，以元帥汪同爲院判。○又卷七，己亥（至正十九年）春正月庚申，僉院胡大海帥兵取諸暨，張士誠守將華元帥戰敗宵遁，萬户沈勝以衆降。我師入城，其衆洶洶不定，復作亂，大海復擊敗之，生擒四千餘人，馬六十匹。遂改諸暨爲諸全州，以帳前元帥張彪爲統軍元帥兼知州事，王玉爲副元帥兼本州同知，令分省照磨汪廣洋總理軍儲。仍命大海總兵攻紹興。

至正己亥十九年春正月，總兵邵榮等破張士誠兵於餘杭縣，復還玄覽堂本、典本作「遣」。兵與戰於湖州，敗之，追至城下。彼衆入城拒守，攻之不克。明日乃率兵來戰，我師弗利，遂引兵還營。未幾，榮等聞士誠欲來攻營，乃預設伏兵以待之，戒諸軍堅守勿戰，俟山上旗豎乃起。已而果至，遣其將李右丞來攻餘杭臨安諸營，不能下。榮度彼營將士已疲，乃豎旗。於是諸軍鼓譟四出，伏兵一時俱起。敵衆大亂，更相蹂躪，死者盈野。久之，士誠兵復來攻營，爲我師所敗，乃斂兵退守，我師攻之弗克，亦還。

實録：己亥二月癸酉，平章邵榮率兵攻湖州，敗張士誠兵，追至城下。敵兵入城拒守，我師圍之。翌日，城中悉兵出戰，我師不利，榮乃還屯臨安。諜知士誠欲來攻，先設伏待之，戒戰士寇至堅守勿動，俟吾山上旗舉齊擊之。已而士誠將吕伯昇率兵奄至，攻我壁不能下，榮度其衆已疲，乃舉旗，於是諸軍鼓譟四出，伏兵俱發，敵衆大亂，自相蹂躪，死者盈野。伯昇憤其敗，復整衆來攻，又敗之。伯昇斂兵退守，我師攻之弗克，乃引還。

時原誤「師」，據玄覽堂本、典故本改。雙刀趙寇陷太平縣，又陷青陽石埭等縣。僉院張德勝率兵與戰於栅江口，原作「桐江口」，據玄覽堂本及實録改。破之，殺溺甚衆。

實録：三月丁巳，陳友諒將趙普勝寇寧國之太平縣，總制胡惟賢命萬户程允同義士汪炳叔率鄉兵五千擊敗之，獲其糧一萬七千餘石。普勝復寇陵陽石埭等縣，僉院張德勝與戰於栅江口，復破走之。

九月癸巳，徐達張德勝引兵自無爲登岸，復破雙刀趙於浮山青山等處。己亥，追至潛山，斬其守將，遂克潛山縣。

實録：九月癸巳，奉國上將軍徐達、僉院張德勝率兵自無爲登陸，夜至浮山寨，擊走趙普勝部將胡總管，敗之於青山，追至潛山界。陳友諒參政郭泰引兵渡沙河迎戰，德勝復大破之，斬郭泰，獲馬騾牛畜千餘，軍資無算，遂克潛山縣，命詹元帥守之。

繼而雙刀趙爲陳友諒所滅，友諒既取雙刀趙，遂生隙於我。使者往覷其辭語，察彼人情。有必戰之計。時徐達常遇春皆率兵守池州，上命使星馳與之計曰：「陳兵必至，爾諸將當以五千人堅守其城，以五萬人實録作「萬人」。伏於九華山下。彼兵若臨城，城上當以二字據玄覽堂本補。旗摇鼓噪爲約，令三軍見此而起，往絶其後，斯必克矣。」使者至軍中，達等如計。明日，陳兵果至，其來甚鋭，直造城下。守者摇旗噪鼓，伏兵見之，緣山而出，循江而下，絶其歸路，一戰俘斬萬餘衆，生擒三千人。常遇春不欲以聞，曰：「此皆勁敵也，既俘不殺，將爲後患，若聞，上必不盡誅。」達不聽，以聞。上謂使者曰：「急回軍中喻諸將，彼先開隙，今初與戰，三千精鋭，未可盡廢，宜釋之，使爲後用。」遇春初聞遣使赴京，密令軍士中以三千人皆殺食典故本無「食」字。之，黎明，止存三百人。上聞之，再命使往令生放還，於是俘者歸至陳，陳遣使來告曰：「戰非有謀，乃巡邊者偶戰耳。」

實録：乙未，陳友諒殺其將趙普勝。初友諒既忌普勝，又有言普勝欲歸於我者，及是，憤潛山之敗，友諒益欲殺普勝，乃詐以會軍爲期，自至安慶圖之。普勝不虞友諒之圖己，聞其至，具燒羊迎於雁汊，登舟見友諒，友諒就執殺之，併其軍。初友諒與普勝攻安慶，元左丞余闕死之，遂陷安慶，令普勝守之。至是殺普勝，即生釁於我。○卷八庚子（至正二十年）五月，陳友諒兵寇池州，徐達等擊敗之。先是友諒既殺趙普勝，即有窺池州之意。上察知之，乃遣僉院常遇春往池州與徐達共禦之。仍使謂達遇春曰：「友諒兵旦暮且至，爾當以五千人守城，遣萬人伏九華山下，俟彼兵臨城，城上揚旗鳴鼓，發伏兵往絶其後，破之必矣。」至是友諒兵果至，其來甚鋭，直造城下。城上揚旗鳴鼓，伏兵悉起，緣山而出，循江而下，絶其歸路，城中出兵夾擊，大破之，斬首萬餘級，生擒三千餘人。常遇春欲盡殺之，謂達曰：「此皆勁敵也，不殺將爲後患，若以上聞，上必不殺。」達不從，遂以聞，上諭使者曰：「亟還諭諸將，今戰爭方始，不可縱殺以絶人望，三千精鋭宜釋之，使爲後用。」及使者返，遇春已殺之，止存三百人，上聞之不懌，命悉放還。友諒遣使來曰：「此戰非我意，乃巡邊者偶戰耳。」

其矜詐如此！

案此書繫趙普勝陳友諒不同時事於一起，正編年之中，隱具紀事本末之意也。

此書紀録彙編本及玄覽堂本謂常遇春殺食陳友諒兵三千人，典故本及實録皆無「食」字，「食」字或爲衍文。惟時軍士乏糧，淮軍向有喫人風，如陶宗儀輟耕録卷九「想肉」條記：「天下兵甲方殷，而淮右之軍嗜食人，以小兒爲上，婦女次之，男子又次之。或使坐兩缸間，外逼以火，或於鐵架上生炙，或縛其手足，先用沸湯澆潑，卻以竹帚刷去苦皮，或盛夾袋中，入巨鍋活煮，或封作事件而醃之。或男子則止斷其雙腿，婦女則特剜其兩乳。酷毒萬狀，不可具言。總名曰想肉，以爲食之而使人想之也。」又明史卷一二二韓林兒傳載：「林兒本起盜賊，無大志，又聽命（劉）福通，徒擁虛名，諸將在外者，率不遵約束，所過焚劫，甚至啖老弱爲糧。」太祖在韓宋軍系之中雖爲軍紀較嚴者，然觀此書所載騷掠情形，是於舊習未盡革，然則殺人而食，亦未始即無也。

友諒軍隊强悍，所俘三千，必皆抵死不降者，遇春云：「此皆勁敵也，既俘不殺，將爲後患。」可以曲盡其故矣。

十一月，取處州，其參政石抹宜孫遁，屬縣皆平。

實録卷七：己亥十一月壬寅，僉院胡大海率兵攻處州，克之。初上既定婺州，即命耿再成駐兵縉雲之黄龍山，謀取處州。元處州守將石抹宜孫遣元帥葉琛屯桃花嶺，參謀林彬祖屯葛渡，鎮撫陳仲真、照磨陳安屯樊嶺，元帥胡深守龍泉以拒我師。久之，將士怠弛，皆無鬭志，至是深叛宜孫，間道來降。且言處州兵弱易取。大海聞之大喜，即出軍抵樊嶺，與再成合攻之，大敗其兵，連拔桃花嶺葛渡二砦，遂薄城下。石抹宜孫戰敗，棄城與葉琛章溢走建寧，遂克處州。林彬祖走温州，於是處州七邑皆下。

至正庚子二十年夏閏五月，陳友諒舟師寇陷太平，列巨舟於采石，僭稱帝，國號漢，改

元大義，遣人約張士誠來夾攻金陵。時群議皆以爲宜速復太平，上曰：「不可，且太平初起豎壘，豈意彼以巨艦破之，若戰於陸地，彼必不能進，今彼既勢居上流，遣兵與戰，難以取勝，若由水上決戰，則彼舟十倍於我，勢可量也。若親征，彼既見我兵勢，不來接戰，即解纜下流，半日可至金陵。若玄覽堂本作「吾」。步騎非一日不可至，縱使可至，百里趨戰，又非上將利也。」乃令指揮康茂才佯爲謀叛，誘使來攻。茂才遣人具書以往。將行，以所謀問李善長，善長曰：「方不得寇去，何爲更誘其來？」上曰：「此計之上也，儻今不往，久則生計，陳張若合，吾何以支？」於是茂才遂遣人行。乃命馮宗義率兵伏於石灰山下，徐達列陣南門外，楊璟列兵大勝港，張德勝朱虎出舟師於龍江關外。辛丑，玄覽堂本及實録作「乙丑」。友諒果率舟師來寇，陷玄覽堂本作「泊」。大勝港口，楊璟禦之。時水路狹隘，其舟師不得進，其弟陳五等軍泊於龍灣江渚，至午大雨，僅容三巨舟入港口，乃遣萬人登岸立柵，及雨止，伏兵自石灰山起，步騎交至，舟師亦集，大破陳友諒軍。時潮已退，彼舟擱岸不能動，於是其軍二萬餘衆皆捨舟二字據典故本補，玄覽堂本作「捨仗」。降伏，並獲其戰艦。

實録卷八：庚子閏五月丙辰朔，陳友諒率舟師攻太平，守將樞密院判花雲與朱文遜等以兵三千拒戰，文遜死之。友諒攻城三日不得入，乃引巨舟泊城西南，士卒緣舟尾攀堞而登，城遂陷。雲被執，縛急，怒罵曰：「賊奴，爾縛吾，吾主必滅爾，斮爾爲鱠也。」遂奮躍大呼而起，縛皆絶，奪守者刀，連斮五六人。賊怒，縛雲於舟檣叢射之，雲至死罵賊不絶口。院判王鼎、知府許瑗俱爲友諒所執，亦抗罵不屈，皆死之。○戊午，陳友諒弑其主徐壽輝於采石。初友諒之犯太平，挾壽輝以行。既陷太平，志盈滿，急謀僭竊。乃於采石舟中先使人詣壽輝前，佯爲白事，令壯士持鐵檛自後擊碎其首，弑之。壽輝死，友諒遂以采石五通廟爲行殿，舁廟中神像顛倒置門外，而僭位其中，國號漢，改元大義，仍以鄒普勝爲太師，張必先爲丞相，張定邊爲太尉。群下草次行禮於江岸，又值大雨，冠服皆濡溼，略無儀節，識者知其必無成。○庚申，陳友諒既僭號，乃潛遣人約張士誠來侵建康，群議皆欲先復太平以牽制之。上曰：「不可，太平吾新築壘，壕塹深固，向使彼陸地來攻，必不能破。乃以巨艦乘城，遂爲所陷。今彼既居上流，順勢來寇，舟師十倍於我，猝難敵也。」或勸上自將擊之，上曰：「此亦不可，敵知我出，以偏師綴我，我欲與戰，彼不交鋒，而以舟師順流直趨建康，半日可達，吾步騎亟回，非一日不至，縱能得達，百里趨戰，兵法所忌，皆非良策也。吾有一計足以破之。」於是召指揮康茂才喻之曰：「有事命汝能之乎？」茂才曰：「惟所命。」上曰：「陳友諒欲來爲寇，吾欲其速來，非汝不可。汝與友諒舊，且佯欲爲叛，遣人致書約其來，當爲内應，彼必從。」茂才曰：「諾，吾家有老閽者嘗事友諒，頗信之，且忠謹不泄，具書令齎以往則必達，信來無疑」。將行，以所謀問李善長，善長曰：「方以寇來爲憂，何爲更誘致之也？」上曰：「此策不可失，失今不爲，久則患深，使二虜相合，吾何以支？先破此虜，則東寇膽落矣。」遂遣閽者持書乘小舸徑至友諒軍，友諒見閽者即呼問曰：「爾何爲來？」閽者曰：「康相公令我來。」友諒曰：「康相公何言？」閽者出書進之，友諒觀書畢，甚喜，問閽者曰：「康相公今何在？」曰「見在江東橋。」又問「江東橋何如？」曰：「木橋也。」乃與酒食遣還，謂曰：

「歸語康公，吾即至，至則呼老康爲號。」閽者諾，歸具以告。上曰：「虜落吾彀中矣。」乃命李善長撤江東橋，易以鐵石，通宵治之，及旦而橋成。適有富民自友諒軍逸歸，言友諒問新河口道路。又令於新河口跨水築虎口城，以兵守之。命馮國勝常遇春率帳前五翼軍三萬人伏於石灰山側，徐達軍於南門外，楊璟駐兵大勝港，張德勝朱虎帥舟師出龍江關外，上總大軍於盧龍山。令持幟者偃黄幟於山之左，偃赤幟於山之右，戒曰：「寇至則舉赤幟，舉黄幟則伏兵皆起，各嚴師以待。」乙丑，友諒果引舟師東下，至大勝港，璟整兵禦之，時水路狹隘，僅容三舟入港，友諒以舟不得並進，遽引退，出大江，徑以舟衝江東橋，見橋皆鐵石，乃驚疑，連呼老康，無應之者，始知閽者之謬己。即與其弟號五王者率舟千餘向龍灣，先遣萬人登岸立柵，其勢鋭甚。時暑酷熱，上衣紫茸甲，張蓋督兵，見士卒流汗，命去蓋。衆欲戰，上曰：「天將雨，諸軍且就食，當乘雨擊之。」時天無雲，衆莫之信，忽雲起東北，須臾，雨大注，赤幟舉，上下令拔柵，諸軍競前拔柵，友諒麾其軍來爭，戰方合，適雨止。命發鼓，鼓震，黄幟舉，馮國勝常遇春伏兵起，徐達兵亦至，張德勝朱虎舟師并集，内外合擊，友諒兵披靡，不能支，遂大敗。潰兵走趨舟，值潮退，舟膠淺，卒不能動。殺溺死者無算，俘其卒二萬餘人，其將張志雄梁鉉喻國興劉世衍等皆降。獲巨艦名「混江龍」「塞斷江」「撞倒山」「江海鰲」者百餘艘，及戰舸數百。友諒乘別舸脱走，於其所乘舟卧席下得茂才所遺書，上笑曰：「彼愚至此，誠可嗤也！」

案此書記：「陳五等軍泊於龍灣江渚，至午大雨，僅容三巨舟入港口，乃遣萬人登岸立柵，及雨止，伏兵自石灰山起，步騎交至，舟師亦集，大破陳友諒軍。」是太祖於雨止始戰，並非預知天雨，因乘而擊之也。實録則改爲「時暑酷熱，上衣紫茸甲，張蓋督兵，見士卒流汗，命去蓋。衆欲戰，上曰：『天將雨，諸軍且就食，當乘雨擊之。』時天無雲，衆莫之信，忽雲起東北，須臾，雨大注。……戰方合，雨始止」，以爲太祖預知陰晴，故神其蹟，非原義矣。

實録記太祖設伏事：「令持幟者偃黄幟於山之左，偃赤幟於山之右，戒曰：寇至則舉赤幟，舉黄幟則伏兵皆起。」今案陳友諒爲紅巾徐壽輝黨，所用必紅旗，舉赤幟者蓋僞示歸降，至後舉黄幟，則太祖之旗色也，俞本皇明紀事録記：「至正十八年戊戌十二月，「克婺州，設浙東行省於金華府。上於省門建立二大黄旗……旗上書云：山河奄有中華地，日月重開大宋天」。是太祖是時用黄旗。太祖雖宗宋韓起事，然與紅巾關係，逐漸疏遠，即就易幟一事，亦可覘其前後之轉變。

時陳友諒以壓倒之優勢逼金陵，太祖情勢危殆。國初禮賢録記：「會陳氏入寇，獻計者或謀以城降，或以鍾山有王氣，欲奔據之，或欲決死一戰，不勝而走未晚也。（劉）基獨張目不言，上召基入内，基奮曰：先斬主降議奔鍾山者，乃可破賊爾。上曰：先生計將安出？基曰：如臣之計，莫如傾府庫，開至誠，以固士心，且天道後舉者勝，宜伏兵伺隙擊之，取威制敵，以成王業，在此時也。上遂用基策，乘東風發伏擊之，斬獲凡若千萬，上以克敵之賞賞基，基悉辭不受。」（黄伯生劉基行狀略同。）是時之排衆議決定策者爲基，此書及實録皆不載者，用以歸美太祖爾。

袁州國公歐普明實録作「祥」。**參政劉敬遣人來降，時**「時」字據玄覽堂本、典故本補。**僉院胡大海兵亦克饒信等州縣。**

實録：閏五月戊寅，克信州，陳友諒之寇龍江也，上命僉院胡大海出兵擣廣信以牽制之，大海遣元師葛俊率兵以往，道過衢州，都事王愷止俊，乘馹至金華，謂大海曰：「廣信爲友諒門户，彼既傾國入寇，寧不以重兵爲守，非大將統全軍以臨之不可，今出偏師，設若挫衂，非獨廣信不可下，吾衢先繹騷矣。」大海從之，乃親率兵攻信州，至靈溪，城中步騎數千出迎戰，大海擊敗之，督兵攻城，守者不能禦，衆潰，遂克之。○七月乙丑，陳友諒守浮梁院判于光左丞余椿與饒州幸同知有隙，出兵攻之，幸同知走，光等遂遣人以浮梁來降。○九月戊寅，故徐壽輝將袁國公袁州歐普祥及參政劉敬遣人來降。

至正辛丑二十一年秋八月庚寅，上率大軍討陳友諒。時舟師既發，乘風泝流而前。戊戌，抵安慶，破其水軍，遂克其城。壬寅，師至湖口，遂與陳友諒戰於江州，大破之，友諒挈妻子遁，遂取江州。南康饒州悉平。

實録卷九：辛丑八月庚寅，上親帥舟師伐陳友諒，先是朱文忠送李明道至建康，上問：「陳氏如何？」明道具言：「友諒自弑徐壽輝，將士皆離心，且政令不一，擅權者多，驍勇之將如趙普勝者，又忌而殺之，雖有衆，不足用也。」及安慶之陷，上遂決意伐之，召諸將諭之曰：「陳友諒賊殺徐壽輝，僭稱大號，天理人情所不容，乃不度德量力，肆騁兇暴，侵我太平，犯我建康，既自取禍敗，不知悔悟，今又以兵陷安慶，觀其所爲，不滅不已。爾等各厲士卒以從。」徐達進曰：「師直爲壯，今我直而彼曲，焉有不克！」劉基亦言於上曰：「昨觀天象，金星在前，火星在後，此師勝之兆，願主公順天應人，早行弔伐。」上曰：「吾亦夜觀天象，正如爾言。」至是，遂率徐達常遇春等各將舟師發龍潭，上御龍驤巨艦，建大旗於前，署曰：「弔民伐罪，納順招降。」諸軍乘風遡流而上，有鳥數萬夾上艦而飛，又有蛇自西北浮江趨蟠於舵，視其狀甚異。明日至采石，泊牛渚磯，復有龜蛇於急流中旋繞舵後竟日，衆喜，以爲有神物之相。時友諒江上斥候望風奔遁。戊戌，至安慶。敵固守不戰，上以陸兵疑之，敵兵動，乃命廖永忠張志雄以舟師擊其水寨，破敵舟八十餘艘，獲戰船二十有七，遂克安慶。長驅至小孤，友諒守將傅友德及丁普郎迎降。壬寅，師次湖口，遇友諒舟出江偵邏，上命遇春擊之，敵舟退走，乘勝追至江州，友諒親率兵督戰，上分舟師爲兩翼，夾擊友諒，又大破之，獲其舟百餘艘。友諒窮蹙，夜半挈妻子棄城走武昌。癸卯，我師入江州，獲馬二千餘匹，糧數十萬，上復遣徐達進兵追之，聞友諒欲出沔陽戰艦拒戰，達乃屯於漢陽之沌口以遏之。○甲辰，遣兵取南康，克之，改爲西寧府，以星子縣尹陳子亨守之。又分遣將士取各城之未下者。○戊申，陳友諒平章吴宏以饒州降，命仍其官守饒州。

至正壬寅二十二年春正月，陳友諒守將胡廷瑞以龍興路降，上親入城，撫喻其民，以鄧愈守之。

實録卷十：壬寅春正月辛亥，陳友諒江西行省丞相胡廷瑞等得上所與書，（上年十二月，廷瑞等遣鄭仁傑納款，帝與書招之降。）即決意遣其同僉康泰至九江來降。○乙卯，上以胡廷瑞來降，遂發九江，如龍興。○辛酉，上至龍興，胡廷瑞祝宗暨左丞張民瞻、參政廖永堅、樞密同僉康泰、左右司郎中潘友慶等俱迎謁於新城門外，上慰勞之，俾各仍舊官。壬戌，上入城，軍令肅然，民皆安堵。○戊辰，築臺於城北龍沙之上，召城中父老民人悉集臺下諭之曰：「自古攻城略地，鋒鏑之下，民罹其殃，今爾民得保骨肉、安生理，無所苦者，皆丞相胡廷瑞灼見天道，先機來歸，爲爾民之福。陳氏據此，軍旅百需之供，爾民甚苦之，今吾悉去其弊，軍需供億，俱不以相勞，爾等各事本業，毋游惰，毋作非爲，以陷刑辟，毋交結權貴，以擾害善良，各保父母妻子，爲吾良民。」於是士民皆感悦。

三月，婺州苗軍叛，殺守帥胡大海，繼而處州苗軍亦據城叛，平章邵榮皆擊破，誅之。時友諒降將康泰據豫章以叛，徐達擊擒之。

實録：二月癸未，金華苗軍元帥蔣英劉震李福叛，殺守臣參政胡大海及郎中王愷、總管高子玉。○丁亥，處州苗軍元帥李祐之賀仁得等聞蔣英等已殺胡大海，亦作亂，殺院判耿再成、都事孫炎、知府王道同及朱文剛等，據其城。同僉朱文忠聞亂，遣元帥王祐等率兵屯縉雲以圖之。○卷十一：壬寅三月丁未朔，上聞處州之亂，命平章邵榮率兵討之。○癸亥，祝宗康泰叛，攻陷洪都府。初洪都之降，非二人本心，既降，數有叛意，時出語咎胡廷瑞，廷瑞反覆開諭之，故未即發，及上還建康，廷瑞恐二人爲變，不利於己，乃微言於上，上即發使詣洪都，令二人將所部兵往湖廣從徐達聽征，二人舟次女兒港，遂以其衆叛。適遇商人布船，因掠其布爲號，反兵劫洪都，是日暮，至城下，發礮舉火，攻破新城門，賊殺官軍。時鄧愈居故廉訪司，聞變倉卒以數十騎出走，數與賊遇，且戰且走，從者多遇害，愈窘甚，連跳跨三馬，馬輒踣，幾不免，最後得養子所乘馬，始得脱，從撫州門出走，還建康。於是都事萬思誠、知府葉琛皆死於難。○辛未，鄧愈至建康，具言康祝之叛，上遣使詣漢陽，命右丞徐達等還軍討之。○癸酉，平章邵榮等兵至處州，令院判張斌等分攻四門。○四月己卯，平章邵榮及元帥王祐胡深等兵攻處州，燒其東北門，軍士登城以入，李祐之自殺，賀仁得走縉雲，耕者縛之，檻送建康伏誅，處州復平，以王祐守之，榮乃還。○甲午，右丞徐達等復取洪都。時達等師抵城下，祝宗康泰分兵拒守，達攻破之。祝宗走新淦，依鄧志明，後爲志明所殺，函其首來獻。康泰走廣信，爲追兵所獲，送建康。泰胡廷瑞之甥，上以廷瑞故，特宥之。

至正癸卯，二十三年張士誠北寇壽春，上親往援之，以徐達爲前鋒，破其軍，旋師圍金斗城，陳友諒復大舉兵寇豫章，乃命解金斗之圍，以舟師往援。

實録卷十二：癸卯春二月癸酉，張士誠將呂珍攻劉福通等於安豐，入其城，殺福通等。先是，福通等兵勢日蹙，以安豐來附，至是爲珍所殺。○三月辛丑朔，上率右丞徐達、參政常遇春等擊安豐，是時呂珍殺劉福通而據其城，聞大軍至，乃水陸連營，戰艦蔽河，沙際皆樹木栅，繚以竹籬，外掘重塹，極力以拒，元帥汪某先攻，拔其中壘，入據之。會左右軍敗，汪元帥兵望見亦出走，爲塹所阻，吕珍急攻之，兵皆殊死戰，上命遇春以兵横擊其陣，三戰三勝，珍兵大敗，俘獲士馬無算。時廬州左君弼出兵來助珍，遇春又擊敗之，珍與君弼皆敗走，上乃還，命達等移師廬州圍之，於是元將竹昌忻都遂乘間入安豐。○夏四月壬戌，陳友諒復大舉兵圍洪都。初友諒忿其疆埸日蹙，乃作大艦來攻，艦高數丈，外飾以丹漆，上下三級，級置走馬棚，下設板房爲蔽，置艣數十其中，上下人語不相聞，艣箱皆裹以鐵，自爲必勝之計，載其家屬百官空國而來。洪都城始瞰大江，友諒前攻城，以大艦乘水漲附城而登，故爲所破。上既定洪都，命移城去江三十步，至是友諒巨艦至，不復得近，乃以兵圍城，其氣甚盛。都督朱文正與諸將謀，分城拒守，參政鄧愈守撫州門，元帥趙德勝等守宮步士步橋步三門，指揮薛顯等守章江新城二門，元帥牛海龍等守琉璃澹臺二門，文正居中節制諸軍，自將精鋭二千，往來應援以禦之。

秋七月，上督諸軍率舟師西討。戊子，師次彭蠡，友諒撤圍來戰。達身先諸將，敗陳一巨艘，殺其衆千五百人，自是我軍威振。繼而屢戰，互有勝負。日暮，諸將欲退，上乃御樓船，鳴金鼓結陣，申明約束，喻以死生利害，諸將皆舉手加額，以死自誓，期明日進兵決戰。至期，上親布陣，鳴金鼓，率舟師以戰，時彼我兩軍皆畏懼，戰不力。迨暮，勝負未及決，乃以舟載乾荻令敢死士乘風縱火，直抵其船，焚溺甚衆。明日，衆復議還師，以圖再舉。上以爲方勝負相等，今若先退，彼必以爲懼玄覽堂本、典故本作「敗」。而來追。當先移船入江，乃能無失。於是兩軍相距三日，我軍挑戰，彼不敢應，我舟玄覽堂本、典故本「舟」下有「師」字。欲移入江，以水路狹隘，不得並進，恐爲敵所乘。迨夜，令船置一燈，相隨渡淺，比明，已盡渡矣。乃泊原作「沿」，據玄覽堂本、典故本改。於左蠡，敵不敢進，移軍渚溪相持，友諒令獲我戰士皆殺之，上知之，命悉出所俘陳氏軍，有傷者賜藥療之，遣還。下令軍中曰：「但獲彼軍皆勿殺。」又令祭其將之戰死者。玄覽堂本作「祭其親王及將之戰死者」，典故本作「祭其新亡之將及戰死者」。乃以舟師邀其歸路，分遣別將取蘄州興國。時都督二字據玄覽堂本、典故本補。朱文正遣兵於南康都昌，絶其糧道。

實録：秋七月癸酉，上自將救洪都，時徐達常遇春等亦自廬州還。上於是召諸將諭之曰：「陳友諒搆兵不已，復圍洪都，彼累敗不悟，是天奪其魄而促之亡也。吾當親往，爾諸將其各整舟楫，率士馬以從。」是日會師，禡纛於龍江，舟師凡二十萬俱發。右丞徐達、參知政事常遇春、帳前親軍指揮使馮國勝、同知樞密院事廖永忠俞通海等皆從。舟過新河口，有大魚二，鱗鬣異常，出没波浪中，夾上舟泝流直過小孤，衆以爲龍云。壬午，風覆馮國勝舟，上以其不利，遣還建康。癸未，師次湖口，先遣指揮戴德以一軍屯於涇江口，復以一軍屯於南湖觜，以遏友諒歸師。又遣人調信州兵守武陽渡，防其奔逸。○丙戌，陳友諒圍洪都，至是凡八十有五日，聞上至，即解圍東出鄱陽湖以迎我師，上帥諸軍由松門入鄱陽，諭諸將曰：「兩軍相鬬，勇者勝，陳友諒久圍洪都，今聞我師至而退兵迎戰，其勢必死鬬。諸公當盡力，有進無退，剪滅此虜，正在今日。」諸將受命皆自奮。丁亥，遂與友諒軍遇於康郎山。友諒列巨舟以當我師，上見之，謂諸將曰：「彼巨舟首尾連接，不利進退，可破也。」乃分舟師爲十一隊，火器弓弩，以次而列，戒諸將近寇舟先發火器，次弓弩，及其舟，則短兵擊之。戊子，命徐達常遇春廖永忠等進兵薄戰。達身先諸將，擊敗其前軍，殺千五百人，獲一巨舟而還，軍威大振。俞通海復乘風發火礮，焚寇舟二十餘艘，彼軍殺溺死者甚衆，我指揮韓成元帥宋貴陳兆先等亦戰死。徐達等搏戰不已，火延及達舟，敵遂乘之，達撲火更戰，上急遣舟援達，達力戰，敵乃退。友諒驍將張定邊奮前欲犯上舟，舟適膠淺，我軍格鬬，定邊不能近，遇春從旁射中定邊，定邊舟始卻，通海來援，舟驟進水湧，上舟遂脱。永忠隨以飛舸追定邊，定邊走，身被百餘矢，士卒多死傷。既而遇春舟亦膠淺，上麾兵救之。俄有敗舟順流而下，觸遇春舟，舟亦脱。會日暮，諸軍欲退，上御樓船鳴鉦，集諸將申明約束，喻以死生利害，諸將咸舉手加額，以死自誓。是日，命徐達還守建康。己丑旦，上命鳴角，舟師畢集，乃親布陣，復與友諒戰。諸軍奮擊敵舟，敵不能當，殺溺死者無算。院判張志雄所乘舟檣折，爲敵所覺，以數舟攢兵鈎刺之，志雄窘迫自刎。丁普郎余昶陳弼徐公輔皆戰死，普郎身被十餘創，首脱，猶執兵若戰狀，植立舟中不仆。敵兵舟艦相連，至晡，東北風起，上命以七舟載荻葦，置火藥其中，束草爲人，飾以甲冑，各持兵戟若鬬敵者，令敢死士操之，備走舸於後。將迫敵舟，乘風縱火，風急火烈，須臾抵敵舟，其水寨舟數百艘，悉被燔，烟焰漲天，湖水盡赤，死者太半，友諒弟友仁友貴及其平章陳普略等皆焚死，我師乘之，又斬首二千餘級。友仁者即所謂五王也，眇一目，有智數，梟勇善戰，至是死，友諒爲之喪氣。普略即新開陳也。明日，上復諭諸將曰：「友諒戰敗氣沮，亡在旦夕，今當併力殲之。」於是諸將益自奮。是時上所乘舟檣白，友諒覺，欲併力來攻，上知之，夜令諸船盡白其檣，旦視莫能辨，敵益驚駭。辛卯，復聯舟大戰，敵兵巨艦艱於運轉，我舟環攻之，殺其卒殆盡，而操舟者猶不知，尚呼號搖艣如故，已而焚其舟皆死。俞通海廖永忠張興祖趙庸等以六舟深入搏擊，敵聯大艦極力拒戰，我師望六舟無所見，意謂已陷没。有頃，六舟旋繞敵船而出，我師見之，勇氣愈倍，合戰益力，呼聲動天地，波濤起立，日爲之晦。自辰至午，敵兵大敗，棄旗鼓器仗，浮蔽湖面，友諒遂奪氣。張定邊自以戰不利，欲挾友諒退保鞋山，爲我師所扼，不得出，乃斂舟自守，不敢更戰。通海等還，上勞之曰：「今日之捷，諸公之力也。」是日，移舟泊柴棚，去敵船五里許，數遣人往挑戰，敵不敢應。諸將議欲退師，少休士卒，上曰：「兩軍相持，我若先退，彼必以爲怯而來追，非計也。必先移舟出湖，乃可無失。」時水路陿隘，舟不得並進，恐爲敵所乘，至夜，令船置一燈，相隨渡淺，比明已盡渡矣。乃泊於左蠡。友諒遂亦移舟出泊潴磯，相持者三日，友諒左右二金吾將軍率所部來降。先是友諒數戰不利，咨謀於下，其右金吾將軍曰：「今戰不勝，出湖實難，莫若焚舟登陸，直趨湖南，謀爲再舉。」其左金吾將軍曰：「今雖不利，而我師猶多，尚堪一戰，若能僇力，勝負未可知，何至自焚以示弱，萬一捨舟登陸，彼以步騎躡我後，進不及前，退失所據，一敗塗地，豈能再舉耶？」友諒猶豫不決，至是戰多喪敗，乃曰：「右金吾之言是也。」左金吾將軍聞之，懼及禍，遂以其衆降，右金吾見其降，亦率所部來降。友諒失此二將，自是兵力益衰，上既駐師左蠡，移書友諒曰：「方今取天下之勢，同討夷狄以安中國，是爲上策，結怨中國而後夷狄，是謂無策。曩者公犯池州，吾不以爲嫌，生還俘虜，將欲與公爲約從之舉，各安一方，以俟天命，此吾之本心也。公失此計，乃先與我爲讐，我是以破公江州，遂蹂蘄黄漢沔之地，因舉龍興十一郡，奄爲我有。今又不悔，復啓兵端，既困於洪都，兩敗於康山，殺其弟姪，殘其兵將，損數萬之命，無尺寸之功，此逆天理、悖人心之所致也。公乘尾大不掉之舟，頓兵敝甲，與吾相持。以公平日之狂暴，正當親決一戰，何徐徐隨後，若聽吾指揮者，無乃非丈夫乎？公早決之。」友諒得書怒，留使者不遣，猶建金字旗周迴巡寨，令獲我戰士皆殺之。上聞之，命悉出所俘友諒軍，視有傷者賜藥療之，皆遣還。下令曰：「但獲彼軍皆勿殺。」又令祭其弟姪及將之戰死者。我師遂出湖口，命遇春永忠諸將統舟師橫截湖面，邀其歸路。又令一軍立栅於岸。控湖口者旬有五日，友諒不敢出。復移書與之曰：「昨兵船對泊瀦磯，嘗遣使齎記事往，不覩使回，公度量何淺淺哉。大丈夫謀天下，何有深讐。夫辛卯以來，天下豪傑，紛然並起。邇來中原英雄，興問罪之師，挾天子，令諸侯，於是淫虐之徒，一掃而亡，公之湘陰劉亦懼而往，此公腹心人也，部下將自此往矣。江淮英雄，惟存吾與公耳，何乃自相吞併，公今戰亡弟姪首將，又何怒焉。公之土地，吾已得之，縱力驅殘兵，來死城下，不可再得也。設使公僥倖逃還，亦宜修德，勿作欺人之寇，卻帝名而待真主。不然，喪家滅姓，悔之晚矣。」友諒忿恚不能答。上與博士夏煜等日草檄賦詩，意氣彌壯。乃遣裨將率兵攻蘄州及興國，克之，獲其海舟十餘艘。友諒住湖中既久，食盡，遣舟五百艘掠糧於都昌，都督朱文正復使舍人陳方亮往潛燔其舟，友諒糧絶，勢益困。

案實録以爲荻葦火攻之役，太祖獲勝，如謂友諒「水寨舟數百艘，悉被燔，烟焰漲天，湖水盡赤，死者太半」。又謂「敵兵臣艦艱於運轉，我舟環攻之，殺其卒殆盡，而操舟者猶不知，尚呼號摇艣如故，已而焚其舟皆死。俞通海廖永忠張興祖趙庸等以六舟深入搏擊，敵聯大艦極力拒戰，我師望六舟無所見，意謂已陷没。有頃，六舟旋繞敵船而出，我師見之，勇氣愈倍，合戰益力，呼聲動天地，波濤起立，日爲之晦。自辰至午，敵兵大敗，棄旗鼓器仗，浮蔽湖面，友諒遂奪氣」。惟此等重要致勝之關鍵，此書皆未載，而此書及實録復皆記諸將議退師，（此書謂「以圖再舉」，實録作「少休士卒」，語氣之間，輕重不同。）又此書云：「上以爲方勝負相等，今若先退，彼必以爲懼而來追」。（實録作「兩軍相持，我若先退，彼必以爲怯而來追，非計也」。語氣輕重亦不同。）則是此役太祖未獲勝。實録載友諒左金吾將軍曰：「今雖不利，而我師猶多，尚堪一戰，若能僇力，勝負未可知。」是其最後被困，亦未大敗也。

八月壬戌，友諒自率樓船欲還，原作「邀」，據玄覽堂本改。**我師追之至中流，大戰良久，友諒中流矢死，明日降其軍五萬餘衆，其將莽張等走武昌。**

實録卷十三：八月壬戌，陳友諒窮蹙，進退失據，欲奔還武昌，乃率樓船百餘艘趨南湖觜，爲我軍所遏，遂欲突出湖口，上麾諸將邀擊之，我舟與敵舟聯比，隨流而下，自辰至酉，力戰不已，至涇江口，涇江之師復擊之，張鐵冠大笑，賀上曰：「友諒死矣！」上笑曰：「無妄言！」復戲鐵冠曰：「縛汝於水濱以俟。」乃遣樂人具牲酒往祭友諒，以覘其死生。且曰：「如其生，往者必返，若不返，其死必矣。」已而往者俱被殺。未幾，有降卒來奔，言友諒在別舸中流矢，貫睛及顱而死。諸軍聞之，大呼喜躍，殺敵益奮，敵衆大潰。於是禽其太子善兒、平章姚天祥等，明日，友諒平章陳榮、參政魯某、樞密使李才、小舍命、王副樞、賈僉院及指揮以下悉以其樓船軍馬來降，得士卒五萬餘人。惟太尉張定邊及楊丞相、韓副樞乘夜以小舟竊載友諒屍及其子理徑走武昌，遣師追之不及，定邊等至武昌，復立理爲帝，改元德壽。

案官書記平漢之事類多誇飾，而野史所傳又甚誣妄，時俞本親預其役，所撰皇明紀事録，比較近真，兹録之以供參考。

至正二十二年三月，徐達領大軍攻廬州，老左堅守，不克。圍至七月，陳友諒親率大船進鄱陽湖來侵，徐達棄圍援之。上親領舟師往征，衣甲鎧仗旗幟火礮火銃火箭火蒺藜大小火鎗大小將軍筒大小鐵礮神機箭及以蘆席作圈，圍五尺，長七尺，糊以布紙，絲麻纏之，內貯火藥捻子及諸火器，名曰「没奈何」，用竿挑頭桅之上，兩船相幫燃火線，刀斷懸索，没奈何落於敵船中，火器俱發，焚毁無救。上敕相國徐達平章常遇春爲前鋒，平章廖永忠俞通海爲左右翼，餘船列幫而進。上以所乘船如征江州之勢，令愈嚴肅，師愈鮮明，舟愈整齊，戒將士曰：「晝則視旗幟，夜則視鐙籠，遠則聆信礮，近則聽金鼓。」以翱翔二船爲左右副，以風斗快船爲前導，大小船隻相繼而進，兵至左蠡，旌旗蔽日，金鼓振天，帆幔遮水，衣甲耀日，遥列數百里，友諒後繼之船盡則俘獲，江西守將朱文正鄧薛二参政率軍力戰，友諒將士不能近城。聞上援兵至，棄圍赴戰。友諒戰船塗紅爲號，大者容三千人，中者二千五百人，小者容二千人，其船以灰麻艙底，艫與兩厢頭尾不艙，或謂友諒曰：「何至艙底？」友諒曰：「此一去船，何須盡艙？」以故友諒戰船皆不及上船之堅。以白紅分兩軍，陳氏之兵曾經龍江江州湖廣三處大敗，善戰折損，卻於湖潭荆襄等處徵田夫市子，三丁抽一爲軍，號曰「蓬合」，且十人無一二慣戰。及船相幫，望見白船水上周旋迅疾，旗幟帆幔衣甲器械，又聞金鼓礮銃之聲，魂魄俱喪，安能操戈執弓哉。友諒惟恃巨艦，未知軍心恇怯，白船往來湖中，仰而射，紅船堅駐，不便轉動，一日攻數次，白船輪次而戰，紅船軍力疲倦。

七月二十一日大戰，紅船焚溺二十隻，煙焰障天，咫尺不能辨，聲振山谷，軍浮水面，波浪漂没。白船亦被火裏，焚者七隻。紅船將士焚溺者殆六萬人，白船焚溺者七千餘人。餘船相幫，紅船被白船相撞，即爲碎薪。是日友諒之弟五王溺水而死，將士浮水求救者蔽水面，上遣快船濟之。次日，上設大牢少牢遣使致祭五王之柩於軍，友諒亦以禮遣歸。又數日，上遣人齎書詣友諒，約出江決戰，友諒無紅船，欲出湖口，恐白船襲其後，遂讓白船先出。上遂令江西之船堅拒黄泥州及樵市，令諭將士曰：「我船出了湖口，便占上流埠岸，選精鋭馬步兵登岸待戰，風斗快船，艤岸排列，海船依次排江中。」次日遂行，白船盡出，紅船方行，白船正出之時，紅船不敢追襲者何也？大船泊淺，小船兵冗故也。紅船出到湖口，捧埠俱被白船已占，值西風大作，紅船之勢高拒，順流如箭而下，無所措手足，流至金江口，抛五鐵貓始住。兩軍相望二十餘里，上指謂都督仇景福曰：「那紅船何人的？」景福對：「陳氏所乘。」上曰：「我提百萬兵，數千里遠來除暴，荷天以此子付我掌中，此機不可失。」諭達等曰：「平暴定亂，正在今日。」遂令將士各措火器兵仗衣甲於所立信地。

二十四日，上於所乘每號船頭敕曰：「將士勿動！」捧香爐拜，祝曰：「黎民被難數十年，吾今除暴解紛，實天祐之，克此姦雄，四方寧息，汝等士卒，俱令富貴，今當盡心，以報天意。」即拔劍敕曰：「交鋒之際，擅離信地，不用心者斬。」遂令釘其水門平基，撤其上下木梯，拽搖兩厢懸鈴，兵皆倒身摇櫓，又值西風順水，船下如箭。比至紅船三百步間，箭銃將軍筒標叉俱發如雨，紅船將士無所躲避，僅以板牌遮身，或伏匿，或趨走，無出視者，白船竟過矣。上命親軍指揮康茂才率二十八宿令船水捧挽船而上，十五里許，順流再下，紅船將士望之如山崩，友諒度不能支，出首箭窗中，呼從紅船，而白船已至，箭銃齊發，友諒左太陽中箭。須臾，陳氏卒泗水報曰：「友諒死矣！」上傳令曰：「友諒已中箭死，兵船將士，敢有擅殺一人者斬。」陳氏將士聞之，全船來歸者，相繼不絕，友諒屍已爲近侍竊載遁於湖廣矣。部下省院官及八陣指揮率領海船再戰，俱不勝而降，輜重盡爲俘獲。惟知院蟒張海船不戰而遁，向友諒所謂一去船者，今果驗矣。所獲戰船，上下左右箭刺如蝟。上大悦，諭衆曰：「友諒中箭而死。將士之功，勝於赤壁走曹操遠矣。稠人難辨射中者，均給重賞，以勞汝等。」次日，上執爐焚香，朝天拜祝曰：「異日天下一家，與汝等巴都兒共享富貴，教汝都做大官。」拜畢，上於樓船上設金椅，坐定，保駕都督仇景福率八枝壯士一千三百人稱萬歲，謝恩，遂設一筵，即命班師。後至王宮，以在船一千三百人羅於兩廡下，賜以酒食，恣其醉飽。次日，每人給以金龍宫段一表裏，冬夏布五匹，銀五兩，麥各五石，銅錢六千文，省府衛及千百户鎮撫等官給賜各有差。

據此，陳友諒之敗，雖因鉅艦轉運不靈及製造不堅之所致，而以軍隊素質不良爲主因。夫陳友諒之兼併徐壽輝，與太祖之承繼郭子興，情勢略同。所部多等夷，勢均力敵，其處境亦相似。惟太祖削除異己，於統一集權工作實成功，而友諒於此則未臻完善，故明玉珍歐普祥周時中于光熊天瑞者流，或據地自封（如明氏），或投依太祖（如歐周于），或觀望成敗（如熊天瑞），而所收募之寨堡民軍，又不衷心歸附，（解縉文集記此類事甚多）史稱鄱陽之役，友諒發頃國兵六十萬，此謂陳氏鋭卒，折損殆盡，其兵爲「湖潭荆襄等處徵田夫市子，三丁抽一爲軍，號曰『蓬合』，且十人無一二慣戰。及船相幫，望見白船水上周旋迅疾，旗幟帆幔衣甲器械，又聞金鼓礮銃之聲，魂魄俱喪，安能操戈執弓哉」。是其所部多新兵，初無作戰經驗，雖多何益！武昌既下，徐達常遇春徇鄂贛諸地，歷久始平，中皆陳氏故舊，殆所謂各箇擊破者歟？

九月，上率諸軍攻圍之，於是湖北郡縣皆降。

實録：九月壬午，上命李善長鄧愈留守建康，復率常遇春康茂才廖永忠胡廷瑞等親征陳理於武昌。

冬十月壬寅，上兵至武昌。馬步舟師水陸並進，既抵其城，命遇春等分兵於四門，立栅圍之。又於江中聯舟爲長寨以絶其出入之路，分兵徇漢陽德安州郡，於是湖北諸郡皆來降。

十二月，上還京師。

實録：十二月丙申朔，上發武昌，還建康。○甲寅，上至建康。

至正「正」字據玄覽堂本、典故本補。甲辰二十四年春正月丙寅朔，上即吴王位。

實録卷十四：甲辰春正月丙寅朔，李善長徐達等奉上爲吴王。時群臣以上功德日隆，屢表勸進，上曰：「戎馬未息，瘡痍未蘇，天命難必，人心未定，若遽稱尊號，誠所未遑。昔武王克商，戢干戈，櫜弓矢，歸馬於華山之陽，放牛於桃林之野，大告武成，然後與民更始，曷嘗遽自稱尊。今日之議且止，矣天下大定，行之未晚。」群臣固請不已，乃即吴王位。

二月，車駕復至武昌，破陳玄覽堂本作「城」。丞相張必先兵，擒之。友諒子理肉袒銜璧出降，上禮而命之入城，撫喻其民，厚待友諒父母，湖廣郡縣悉降。

實録：二月乙未朔，上以諸將圍武昌久不下，復親往視師。○辛亥，至武昌，督兵攻城。先是陳理太尉張定邊見事急，潛遣卒夜由觀音閣縋城走岳州，告其丞相張必先，使入援，至是必先引兵至，去城二十里，軍於洪山，上命常遇春率精鋭五千，乘其衆未集擊之，敵兵大敗，遂擒必先。必先驍勇善戰，人號爲潑張，城中倚以爲重，至是縛至城下，示之曰：「汝所恃者潑張，今已爲我擒，尚何恃而不降耶？」必先亦呼定邊謂之曰：「吾已至此，事不濟矣，兄宜自圖，速降爲善。」定邊氣索不能言。武昌城東南有高冠山，下瞰城中，上問諸將誰能奪此，傅友德請行，遂率數百人一鼓奪之，城中益喪氣。後數日，上乃遣友諒舊臣羅復仁入城諭陳理及張定邊等曰：「理若來，當不失富貴。」復仁因請曰：「主上推好生之仁，惠此一方，使陳氏之孤得保首領，而臣不食言，臣雖死不憾矣。」上曰：「吾兵力非不足，所以久駐此者，欲待其自歸，免傷生靈耳。汝行，必不汝誤。」復仁至城下號哭，理驚，召之入，復相持痛哭，哭止問故，復仁諭以上意，詞旨懇切，理與定邊等遂請降。○癸丑，陳理銜璧肉袒，率其太尉張定邊等出降。理至軍門，俯伏戰慄，不敢仰視。上見其幼弱，起挈其手曰：「吾不爾罪，勿自懼也。」命宦者入其宮，傳命慰諭友諒父母，凡府庫儲蓄，令理悉自取之，遣其文武官僚以次出城，妻子資裝皆俾自隨。王師圍武昌凡六閱月而降，士卒無敢入城，市井晏然。城中民饑困，上命給米賑之，召其父老，復撫慰之，待友諒父母以禮，民大悦。於是漢沔荆岳郡縣相繼降。

上還京師，下令曰：「予以眇躬，荷天地百神之福，託於億兆臣民之上，戡定綏寧，疆宇日闢。乃者故漢主陳友諒殺君僭逆，罪惡貫盈，自起兵端，犯我邊境。爰舉問罪之師，以慰來蘇之望，賴上天之靈，兵之所至，罔不克捷，江西諸郡，一鼓而下。其陳友諒稔惡弗悛，仍合餘燼，於癸卯七月屯兵洪都城下。予乃總帥舟師，親與決戰，陳友諒敗死，將士悉降。進攻武昌，子理歸命。布告中外，咸使聞知。」遂大會兵於京師。

實録：三月丙寅，封陳理爲歸德侯，下令諭臣民曰：「予以眇躬，荷天地百神之眷，託於億兆臣民之上，戡定綏寧，疆宇日闢。乃者陳友諒弑主僭逆，罪惡貫盈，自起兵端，犯我邊境。爰舉問罪之師，以慰來蘇之望，賴天地之靈，兵之所至，罔不克捷，江西諸郡，一鼓而下。友諒稔惡不悛，仍合餘燼，於癸卯七月，頓兵洪都城下。予乃總率舟師，親予決戰，友諒敗死，將士悉降。進攻武昌，其子理歸命，於是湖廣諸郡，次第皆平。滔滔江漢，遂底安流，總總黎元，克全生樂。布告中外，咸使聞知。」

案此書猶稱友諒爲「故漢主」，實録去之。又實録多「於是湖廣諸郡，次第皆平。滔滔江漢，遂底安流，總總黎元，克全生樂」數句，考陳理雖降，江西湖廣等地猶未盡附，迭經徐常等招徠循撫，始漸歸順，故數句殊與實際情形左，意爲後來史臣所增飾，非此書之脱文也。

至正乙巳二十五年春，廣東韶州南雄原誤「州」，據玄覽堂本、典故本及實録改。及荆襄歸峽等州皆平，命徐達常遇春等兵取淮東淮陰諸郡，平之。

實録卷十六：乙巳春正月甲戌，平章常遇春進師南安，遣麾下危止踰嶺南招諭韶州諸郡未下者。於是韶州守將同僉張秉彝、院判郭容、參政李如章、僉事張鵬飛、總管錢旭及南雄守將孫榮祖等各籍其兵糧來降，遇春令指揮王璵守南雄，令秉彝仍守韶州。○二月己丑朔，左相國徐達遣使言，臣奉命按行湖湘等處，所至降，下湘潭荆岳辰衡寶慶等郡，及靖州安撫司諸長官司，悉皆平定。臣宣布威德，遠近向化，蠻夷率服，謹遣使以聞。上以湘湖既平，命達令諸將經略各郡，班師還京。

至正丙午二十六年春，張士誠以舟師寇我鎮江，上引兵擊之，賊聞風而遁，督兵追及於浮子門，與戰，悉俘其衆。徐達乘勝進攻高郵安豐，克之。

實録卷十九：丙午春正月癸未朔，張士誠以舟師駐君山，又出兵自馬馱沙溯流窺江陰，守將以聞。上親督水軍及馬步兵往救之。比至鎮江，寇已焚瓜州，掠西津而遁。乃令康茂才等出大江追之，别命一軍伏於江陰之山麓。翌日，茂才追至浮子門，遇寇舟五百餘艘遮海口，乘潮來薄我師，茂才督諸軍力戰，大敗之，獲樓船三十餘艘，斬虜甚衆，有棄舟登岸者，伏兵又掩擊之。乘勝逐北，覆其巨艦無算，又獲其斗船十八艘，殺溺死者過半，凡虜將校四百人、卒五千餘人。○三月丙申，徐達拔高郵，先是達援宜興，令馮國勝統兵圍高郵，張士誠將俞同僉詐遣人來降，約推女牆爲應，國勝信之，夜遣康泰率兵千人踰城而入，皆爲所殺。上聞之怒責國勝，既而達自宜興還，益督兵攻之，至是遂拔其城，戮俞同僉等，俘其官將一千三十七人，士卒一千一百七十五人，馬三百七十三匹，民一千三百九十七户，糧八千石。○卷二十：四月乙卯，左相國徐達兵至淮安。○戊午，取興化。○辛未，左相國徐達克安豐。初，達率師至安豐，分遣平章韓政等以兵扼其四門，晝夜攻之不下，乃於城東龍尾壩潛穿其城二十餘丈，城壞，遂破之。忻都竹昌左君弼皆出走，我師追奔四十餘里，獲忻都并君弼裨將賁元帥而還，竹昌君弼皆走汴梁。至日晡時，元平章竹貞引兵來援，政等復與戰於南門外，大敗之，竹貞遁去，凡得兵四千，馬千匹，糧九百餘石，又遣千户趙祥將兵至潁，獲其運船以歸。遂立安豐衞，留指揮唐勝宗守之。

是年秋，以相國徐達爲大將軍，平章常遇春副之，率師二十萬東取吴越。上謂諸將曰：「爾等此行，其計若何？」常遇春曰：「此行直搗姑蘇，姑蘇既下，則諸郡不勞力而下矣。」上意以爲不分其勢，則其援兵四合，難以取勝。不若先攻湖州，「州」字據玄覽堂本、典故本及實録補。使其疲於應戰，「戰」字據玄覽堂本、典故本補。然後抵蘇州，則取之可必矣。遂不從遇春之計，作色曰：「先攻蘇州而或失利，必不能貸。如玄覽堂本、典故本作「汝」。先攻湖州而或失利，尚可恕也。爾行矣，從爾自計！」率師遂渡大浦口，出太湖，次洞庭山，遇春以衆攻湖州，上使人覘而知之，喜曰：「能從吾計，此行必勝矣。」遇春累敗其兵，湖州守將李伯昇閉城拒守，張九七引衆援之，營於舊館，湯和等迎之。遇春以兵圍其營，絶其糧道，士誠聞之，自引衆來援，與之大戰於皂林之野，敗之，遂俘其營中典故本作「甲」。士六萬，送京師，士誠遁歸，由是軍聲大振，所過州郡皆望風而降伏。玄覽堂本、典故本作「附」。

實録卷二十一：丙午八月辛亥，命中書左相國徐達爲大將軍，平章常遇春爲副將軍，帥師二十萬伐張士誠。……上御西苑，復召達遇春諭之曰：「今師行，苟張氏全城歸命，不勞吾師，吾必全之。若用師，城破之日，生其將士，撫其人民，無妄殺戮，有可用者即選用之。」達等既受命將發，上問諸將曰：「爾等此行，用師孰先？」遇春對曰：「逐梟者必覆其巢，去鼠者必熏其穴，此行當直搗姑蘇，姑蘇既破，其餘諸郡可不勞而下矣。」上曰：「不然，士誠起鹽販，與張天騏潘原明等皆强梗之徒，相爲手足，士誠苟至窮蹙，天騏輩懼俱斃，必併力救之。今不先分其勢，而遽攻姑蘇，若天騏出湖州，原明出杭州，援兵四合，難以取勝，莫若出兵先攻湖州，使其疲於奔命，羽翼既披，然後移兵姑蘇，取之必矣」。遇春猶執前議，上作色曰：「攻湖州失利，吾自任之，若先攻姑蘇而失利，吾不汝貸也。」遇春不復敢言。上乃屏左右，謂達遇春曰：「吾欲遣熊天瑞從行，俾爲吾反間也。天瑞之降，非其本意，心常怏怏，適來之謀，戒諸將勿令天瑞知之，但云直擣姑蘇，天瑞知之，必叛從張氏以輸此言，如此則墮吾計矣。」○癸丑，大將軍徐達等率諸軍發龍江。辛酉，師至太湖。己巳，常遇春擊敗張士誠兵於湖州港口，擒其將尹義陳旺，遂次洞庭山。上聞之喜曰：「勝可必矣。」癸酉，進至湖州之毗山，又擊敗士誠將石清汪海，擒之。張士信駐軍湖上，不敢戰而退。指揮熊天瑞叛降於士誠。甲戌，師至湖州之三里橋，士誠右丞張天騏分兵三路以拒我師，參政黃寳當南路，院判陶子實當中路，天騏自當北路，同僉唐傑爲後繼，達率兵進攻之。有術者言，今日不宜戰，常遇春怒曰：「兩軍相當，不戰何待。」於是達遣遇春攻黃寳，王弼攻天騏，達自中路攻陶院判，別遣驍將王國寳率長槍軍直扼其城。遇春與黃寳戰，寳敗走，欲入城，城下釣橋已斷，不得入，復還力戰，又敗，被擒，并獲其元帥胡貴以下官二百餘人。張天騏陶子實皆不敢戰，斂兵而退。士誠又遣司徒李伯昇來援，由荻港潛入城，我軍復四面圍之，伯昇及天騏閉門拒守。達遣國寳攻其南門，自以大軍繼之，其同僉余德全，院判張德義陶子實出戰皆敗走。士誠又遣平章朱暹王晟、同僉戴茂吕珍、院判李茂及其第五子號五太子者，率兵六萬來援，號三十萬，屯城東之舊館，築五砦自固。達與遇春湯和等分兵營於東阡鎮南姑嫂橋，連築十壘，以絶舊館之援。李茂唐傑李成懼不敵，皆遁去。士誠壻潘元紹時駐兵於烏鎮之東，爲呂珍等聲援，我師乘夜擊之，元紹亦遁，遂填塞溝港，絶其糧道，士誠知事急，乃親率兵來援，達等與戰於皂林之野，又敗之，虜其戴元帥及甲士三千餘人。〇辛卯，張士誠復遣其同僉徐志堅以輕舟出東阡鎮覘我師，欲攻姑嫂橋，常遇春遇之與戰。會大風雨，天晦甚，遇春令勇士乘划船數百突擊之，復破其兵，擒志堅，得衆二千餘人。〇乙巳，左丞廖永忠、參政薛顯將游軍至湖州之德清，遂取之，獲船四十艘，擒其院判鍾正及叛將賈德成。〇張士誠自徐志堅敗，甚懼，遣其右丞徐義至舊館覘形勢，將還報，常遇春以兵扼其歸路，義不得出，乃陰遣人約士誠弟士信出兵與舊館兵合力來戰，士誠又遣赤龍船親兵援之，義始得脱，與潘元紹率赤龍船兵屯於平望，復棄赤龍船，乘小舟潛至烏鎮，欲援舊館，遇春由别港追襲之，至平望，縱火焚其赤龍船，軍資器械一時俱盡，衆軍散走。自是張氏舊館兵援絶，饋餉不繼，多出降。〇冬十月壬子，常遇春兵攻烏鎮，張士誠將徐義潘元紹及甘院判拒戰，不勝，復退走，遇春追至昇山，復攻破其平章王晟陸寨，餘軍奔入舊館之東壁，其同僉戴茂乞降，我師馳入之，是夕王晟亦降。〇戊寅，徐達復攻昇山水寨，顧時引數舟繞張士誠兵船，船上人俯視而笑，時覺其懈，率壯士數人躍入其舟，大呼奮擊，餘舟競進薄之。士誠五太子盛兵來援，常遇春稍卻，薛顯率舟師直前奮擊，燒其船，其衆大敗。其五太子及朱暹呂珍等以舊館降，得兵六萬人。遇春謂薛顯曰：「今日之戰，將軍之力居多，吾固不如也。」五太子者，士誠養子也，本姓梁，短小精悍，能平地躍起丈餘，又善没水，朱暹呂珍亦善戰，士誠倚之，至是皆降，士誠爲之奪氣。

案伐吴之計，太祖主分敵兵力，常遇春主直擣姑蘇，二者意相左。此書載太祖作色斥遇春：

「先攻蘇州而或失利，必不能貸，如先攻湖州而或失利，尚可恕也。爾行矣，從爾自計！」是遇春臨行之頃，猶固持己見，故太祖後聞其攻湖州，喜曰：「能從吾計，此行必勝矣！」實録則於太祖申斥語後，謂「遇春不復敢言」，則變爲已聽從太祖計，故於下文攻湖州，亦改爲「上聞之喜曰：『勝可必矣。』」此喜湖州之捷，非以己計得行，寔非原意。又實録載太祖語徐常：「熊天瑞之降，非其本意，心常怏怏，適來之謀，戒諸將勿令天瑞知之，但云直擣姑蘇，天瑞知之，必叛從張氏以輸此言，如此則墮吾計矣。」夫太祖既不知己意之必行，何從料天瑞之中計，天瑞以直擣姑蘇之言輸士誠，正因遇春行時，猶堅持己計耳。

皂林之戰，實録記虜其元帥甲士三千餘人，此書作俘獲六萬，考實録記舊館之役俘六萬，豈此書誤混歟？

十一月，進抵姑蘇，其屬縣相繼來歸，惟蘇州孤立而已。上不欲煩兵，欲困服之，乃圍其城。

實録：十一月己丑，徐達既下湖州，即引兵向姑蘇，至南潯，張士誠元帥王勝降。辛卯，至吴江州，圍其城，參政李福、知州楊彝降。○癸卯，大將軍徐達等兵至姑蘇城南鮎魚口，擊張士誠將竇義走之。康茂才至尹山橋，遇士誠兵，又擊敗之，焚其官瀆戰船千餘艘及積聚甚衆。達遂進兵圍其城，達軍葑門，常遇春軍虎丘，郭子興軍婁門，華雲龍軍胥門，湯和軍閶門，王弼軍盤門，張温軍西門，康茂才軍北門，耿炳文軍城東北，仇成軍城西南，何文輝軍城西北，四面築城圍困之。又架木塔與城中浮屠對，築臺三層，下瞰城中，名曰敵樓，每層施弓弩火銃於上，又設襄陽礮以擊之，城中震恐。有楊茂者，無錫莫天祐部將也，善没水，天祐潛令入姑蘇與士誠相聞，邏卒獲之於閶門水栅旁，送達軍，達釋而用之。時姑蘇城堅不可破，天祐又阻兵無錫，爲士誠聲援，達因縱茂出入往來，因得其彼此所遺蠟丸書，由是悉知士誠天祐虛實，而攻圍之計益備。達時督兵攻婁門，士誠出兵拒戰，我武德衛指揮副使茅成戰死。

至正丁未，二十七年上命以是年爲吴元年，春，建宫殿及省臺六部，建太廟於宫玄覽堂本「宫」下有「城」字。之東北。

實録：丙午（二十六年）十二月己未，是時群臣皆上言：「一代之興，必有一代之制作，今新城既建，宫闕制度，亦宜早定。」上以國之所重，莫先廟社，遂定議以明年爲吴元年，命有司營建廟社，立宫室。

夏，上以書遺士誠曰：「蓋聞成湯放桀，武王伐紂，漢祖滅秦，歷代帝王之興，兵勢相加，乃爲常事。當王莽之亡，隋之失國，豪傑乘時蠭起，圖王業，據土地，及其定也，必歸於一，天命所在，豈容紛然？雖有智者，事業弗成，亦當革心，畏天順民，以全身保族，若漢之竇融、宋之錢俶是也。自古皆然，非今獨異，爾能順附，其福有餘，毋爲困守其玄覽堂本及實録作「孤」。城，危其兵民，自取滅亡，爲天下笑。」書至，士誠不降，乃督兵攻之。

實録卷二十三：吴元年夏五月丙子朔，徐達之圍姑蘇也，上初不欲煩兵，但困服之耳，至是又久不下，乃以書遺士誠曰云云（文同），士誠不報。

秋，城破，士誠自經於家，兵入尚未絶，解其縊，俘送京師，蘇州平。

實録卷二十五：九月辛巳，大將軍徐達克姑蘇，執張士誠。時城圍既久，熊天瑞教城中作飛礮以擊我師，多所中傷。城中木石俱盡，至拆祠廟民居爲礮具。達令軍中架木若屋狀，承以竹笆，軍伏其下，載以攻城，矢石不得傷。至是達督將士破葑門，常遇春亦破閶門新寨，遂率衆渡橋，進薄城下。其樞密唐傑登城拒戰，士誠駐軍門内，令參政謝節周仁立栅以補外城。傑知不敵，投兵降，周仁徐義潘元紹及錢參政皆降。晡時，士誠軍大潰，諸將遂蟻附登城。城已破，士誠猶使其副樞劉毅收餘兵尚二三萬，親率之戰於萬壽寺東街，復敗，劉毅降。士誠倉惶歸。從者僅數騎。……士誠獨坐室中，左右皆散走。達遣士誠舊將李伯昇至士誠所諭意，時日已暮，士誠拒户自經，伯昇決户，令降將趙世雄抱解之，氣未絶復蘇，達又令潘元紹以理曉之，反覆數四，士誠瞑目不言，乃以舊盾舁之出葑門，途中易以户扉，舁至舟中。凡獲其官屬平章李行素徐義左丞饒介、參政馬玉麟謝節王原恭董綬陳恭、同僉高禮、内史陳基、右丞潘元紹等所部將校杭湖嘉興松江等府官吏家屬及外郡流寓之人凡二十餘萬，并元宗室神保大王黑漢等皆送建康。

九月，命參政朱亮祖討浙東諸郡，克之。

實録：九月己丑，朱亮祖駐軍新昌，遣指揮嚴德攻關嶺山寨，平之。○癸巳，朱亮祖兵至天台，縣尹湯槃以縣降。○丁酉，朱亮祖進攻台州，方國瑛出兵拒戰，我師擊敗之，指揮嚴德戰死。○辛丑，朱亮祖兵克台州，方國瑛奔黃巖。……徇卜仙居諸縣。

冬，以湯和爲征南將軍，吳禎副之，討方國珍，國珍遁入海，追及與戰，破降之。命楊璟周德興率兵征廣西，胡美何文輝征福建，徐達常遇春進取中原。

實録卷二十六：冬十月癸丑，命御史大夫湯和爲征南將軍，僉大都督府事，吳楨爲副將軍，帥常州長興宜興江陰諸軍討方國珍於慶元。○甲子，令中書右丞相信國公徐達爲征虜大將軍，中書平章掌軍國重事鄂國公常遇春爲征虜副將軍，率甲士二十五萬，由淮入河，北取中原。又命中書平章胡廷瑞爲征南將軍，江西行省左丞何文輝爲副將軍，率安吉寧國南昌袁贛滁和無爲等衛軍由江西取福建，以湖廣參政戴德隨征。湖廣平章楊璟、左丞周德興、參政張彬率武昌荆州益陽常德潭岳衡澧等衛軍取廣西。○卷二十八：十二月丁未，方國珍遣子明完奉表謝罪，乞降。

冬十月，沂州守將王信遣人奉表納款，詔諭之曰：「惟古昔豪傑之士，天下擾攘之秋，集群衆以鷹揚一方，而虎視四海，玄覽堂本、典故本及實録皆作「集群衆以鷹揚，據一方而虎視」。然遇真主者出，遂知天命所歸，乃披露其誠，歸於有德，如竇融獻河西之地於漢，李勣歸黎陽之衆於唐。惟爾沂州王宣父子，近使苗副樞來通附順之忱，我遣侯正紀往答慇勤之意，兩旬已過，一介未還，且慮天將改物，故使元政不綱，誰能霖雨，以蘇民望，方見龍蛇之起陸，拯此塗炭，實在朕躬。爰命征虜大將軍徐達、副將軍常遇春統率大軍，水陸並進，往戡衆亂，平定中原，嘉爾來歸之義，錫以封爵之榮。王信可授榮禄大夫江淮等處行中書省平章政事，其餘官將，仍復舊職。」書至，王宣父子復持兩端，不聽調。徐達兵至沂州，王信往莒密求援，其父宣閉城拒守，大兵攻拔之，宣出降，既令以書報其子信來歸，至是莒密海費等州縣皆降。

實録：吴元年十月辛未，上遣徐唐臣李侍儀李少卿等往沂州授信爲榮禄大夫江淮行中書省平章政事，麾下官將皆仍舊職，所部軍馬，令悉聽征虜大將軍節制，且以書諭之曰：「惟古豪傑之士，天下擾攘之秋，集群衆以鷹揚，據一方而虎視，然遇真主者出，遂知天命所歸，乃披露其誠，歸於有德，如竇融獻河西之地於漢，李勣歸黎陽之衆於唐，能達時務之機，故享富貴之福，名昭史册，世謂英賢。惟爾父子久據沂州，近使苗副樞來通附順之忱，吾遣侯正紀往答慇懃之意，兩旬已過，一介未還。且慮天將改物，元政不綱，誰能霖雨以蘇民，方見龍蛇之起陸，拯此塗炭，責實在予。爰命征虜大將軍徐達、副將軍常遇春統率大軍，水陸並進，往戡衆亂，平定中原。方我師之出，適爾使復來，攄情悃於表詞，納版圖於我國，豈非感天地之神明，成風雲之慶會哉！予嘉汝義，終始不忘，汝其一德，輔濟蒼生，更爲悉爾兵力，用討鄰封，以廣海岱之區，益我職方之典，毋使融勣之功，獨擅漢唐之美，共保富貴，同我永昌。」時信與其父宣陰持兩端，外雖請降，内實修備，上知之，乃遣人密諭大將軍徐達曰：「王信父子反覆，不可遽信，宜勒兵趨沂州以觀其變，如王信父子開門納款，即分兩衛軍守其地，信父子及部將各同家屬遣至淮安。若益都濟寧濟南俱下，各令信軍五千及我軍萬人守之，其餘軍馬分調於徐邳各州守城，然後發遣其家屬與居，惟土兵勿遣，分調之後，仍選其馬步精鋭者從大軍北伐。苟閉門拒守，即攻之。」○卷二十七：吴元年十一月壬午，沂州王宣叛，大將軍徐達引兵進討，克之。先是上以宣來降，故遣徐唐臣等往諭之，令以兵從大將軍征討，唐臣等至，宣意不欲行，乃令其子信密往莒密等州募兵爲備禦計，而遣其員外郎王仲剛及信妻父老馮等詐來犒師，以緩我兵。大將軍徐達受而遣之。仲剛等既還，宣即以兵夜劫徐唐臣等，欲殺之，衆亂，唐臣得脱走達軍。達聞之，即日率師徑抵沂州，營於北門，達猶欲降之，復遣梁鎮撫往説宣，宣使其郎中常某出見梁於西門，梁謂之曰：「我即張氏義子，蚤降故得至今日，王平章不降何待？」常歸語宣，宣使迎梁入，謂曰：「吾降吾降。」梁既還報達，宣復閉門拒守。達怒，遂進攻，分軍營其南門，都督馮宗異令軍士開壩放水。明日，達督軍急攻其城，宣待信募兵未還，自度不能支。甲申，乃開西門，以元所授沂國公印及子信宣命出降，達令宣爲書遣鎮撫孫惟德招降信，信不從，殺孫鎮撫與其兄仁，走山西。於是嶧州右丞趙蠻子、莒州周黻、海州馬驪及沭陽日照贛榆諸縣并隨信將士皆相繼來降。達以宣反覆，并怒其子殺孫鎮撫，遂執宣杖而戮之，并戮王仲剛、常郎中等。命指揮韓温守沂州。

時金火二星會于丑分，望後，火逐金過齊魯之分。占者曰：宣大展兵威。因令徐達進兵益都，達遣人喻其守將老保不下，遂率兵急攻之，乃出降，其屬郡悉平。

實録：十一月庚寅，遣使諭大將軍徐達等曰：「聞將軍已下沂州，未知勒兵何向。如向益都，當遣精鋭將士於黄河扼衝要，斷其援兵，使彼外不得進，内無所望，我軍勢重力專，可以必克。若未下益都，即宜進取濟寧濟南，二城既下，益都山東勢窮力竭，如囊中之物，可不攻而自下矣。然兵難遥度，隨機應變，尤在將軍。」時金火二星會於丑分，望後火逐金過齊魯之分，占曰：「宜大展兵威。」故有是諭。○辛丑，大將軍徐達師克益都。先是達至臨朐，元守將丁玉明遁去，及達至益都，玉明復來降，達因遣玉明入城諭平章老保等不下，達謂諸將曰：「老保所恃者河上援兵耳，吾已分兵扼黄河，斷其右臂，彼尚不知，爲釜魚之計。」即督兵填壕，攻其城拔之，執老保與白知院等，平章普顔不花不屈死，遂徇下壽光臨淄昌樂高苑等縣及濰膠博興等州，獲將士一萬五百餘人，馬騾一千六百餘匹，糧一十八萬九千餘石，令指揮葉國珍等守之。

至濟南，守將王保保弟瞻同脱因帖木兒先期率衆遁去，其屬將遂以其城降，於是山東諸郡望風來伏。玄覽堂本、典故本作「望風降附」。

實録卷二十八：十二月己酉，大將軍徐達至濟南，元平章忽林台詹同脱因帖木兒聞之，先驅人民引軍遁去，平章達朵兒只進巴等以城降，收其將士二千八百五十五人，馬四百二十九匹，命指揮陳勝守之。後遣人送達朵兒只進巴等赴建康，至洛口，達朵兒只進巴等復殺使者北走。

十二月，百官詣闕勸進，上乃御新宫制詞，其略曰：「惟我中國人民之君，自宋運告終，帝命真人於沙漠，入中國爲天下主，其君父子及孫百有餘年，今運亦終，其天下土地人民，豪傑分争，惟臣帝賜英賢李善長徐達等六字實録删。爲臣之輔，遂戡定群雄，息民於田野。今地周迴二萬里廣，諸原誤「儲」，據玄覽堂本、典故本及實録改。臣下皆曰：恐實録作「生」。民無主，必欲推尊帝號。臣不敢辭，亦不敢不告上帝皇祇。是用明年正月四日於鍾山之陽，設壇備儀，昭告上帝皇祇，簡在帝心。如臣可爲民主，告祭之日，伏望帝祇來臨，天朗氣清，惠風和暢。如臣不可，至日當烈風異景，使臣知之。」

實録：十二月癸丑，中書省左相國宣國公李善長率文武百官奉表勸進。詞與上同。○甲子，上御新宮，以群臣推戴之意祭告於上帝神祇，其略曰云云。與此書略同。

洪武元年春正月乙亥，合祭天地於鍾山之陽。是日，日朗風和，臣民復合辭勸進，於是上即皇帝位於南郊，定有天下之號曰大明，以吴二年爲洪武元年。詔曰：「朕惟中國之君，自宋運既終，天命真人於沙漠，入中國爲天下主，傳及子孫，百有餘年，今運亦終。海内土疆，豪傑分争。朕本淮右庶民，荷上天眷顧，祖宗之靈，遂乘原作「成」，據玄覽堂本、典故本及實録改。逐鹿之秋，致英賢於左右，凡兩淮兩浙江東江西湖湘漢沔閩廣山東及西南諸郡玄覽堂本作「部」。蠻夷，各處寇攘，原作「獲」，據玄覽堂本、典故本及實録改。屢命大將軍與諸將校奮揚威武，四方玄覽堂本、典故本作「已皆」。戡定，民安田里。今文武大臣百司衆庶合辭勸進，尊朕爲皇帝，以主黔黎。勉循衆請，玄覽堂本、典故本作「輿情」。於吴二年正月四日，告祭天地於鍾山之陽，即皇帝位於南郊。恭詣太廟，追尊四代考妣爲皇帝皇后，立大社大稷於京師，布告天下，咸使聞知。」

實録卷二十九：洪武元年春正月乙亥，上祀天地於南郊，即皇帝位，定有天下之號曰大明，建元洪武。上服衮冕，先期告祭。……祝曰：「惟我中國人民之君，自宋運告終，帝命真人於沙漠，入中國爲天下主。其君父子及孫百有餘年，今運亦終，其天下土地人民，豪傑紛争，惟臣帝賜英賢，爲臣之輔，遂戡定采石水寨蠻子海牙、方山陸寨陳埜先、袁州歐普祥、江州陳友諒、潭州王忠信、新淦鄧克明、龍泉彭時中、荆州姜珏、濠州孫德崖、廬州左君弼、安豐劉福通、贛州熊天瑞、永新周安、萍鄉易華、平江王世明、沅州李勝、蘇州張士誠、慶元方國珍、沂州王宣、益都老保等，偃兵息民於田里。今地幅員二萬餘里，諸臣下皆曰，生民無主，必欲推尊帝號，臣不敢辭。是用以今年正月四日於鍾山之陽，設壇備儀，昭告上帝皇祇，定有天下之號曰大明，建元洪武，簡在帝心，尚享。」先是自壬戌以來，連日雨雪陰沍，至正月朔旦雪霽，粤三日省牲，雲陰悉斂，日光皎然。暨行禮，天宇廓清，星緯明朗，衆皆欣悦。禮成，遂即位於郊壇南，備儀衛法從，丞相率百官北面行禮，呼萬歲者三。禮畢，上率世子暨諸子奉神主詣太廟，追尊四代祖考妣爲皇帝皇后，奉上玉寶玉册。

册封玄覽堂本、典故本作「妃」。馬氏爲皇后，立世子標爲皇太子，諸功臣進爵有差，以李善長徐達爲左右丞相。

實録：是日，上受群臣朝賀畢，命左相國宣國公李善長奉册寶立妃馬氏爲皇后，立世子標爲皇太子。○以李善長徐達爲左右丞相，諸功臣進爵遷秩有差。

征南將軍湯和破延平，擒陳友定。先是湯和破方國珍，就命率師自慶元海道進取福州，平章胡美自江西取邵武、延平，下建寧，陳友定獨守延平，至是湯和攻破擒之，興化泉州皆降。

實録：是月庚子，征南將軍湯和帥師至延平，元參政文殊海牙等以城降，執元守臣平章陳友定送京師。先是上遣使招諭友定，友定大會諸將，殺使者，置其血酒甕中，慷慨飲之，誓衆死守。至是，我師隔水而陳，分一軍渡水攻其西門，友定謀於衆曰：「彼兵方來，其氣勇鋭，難與争鋒，不如持久以困之，伺間而動，必有可勝，遂嚴飭軍校巡城，晝夜不少息。諸將請出戰，友定不許，數請不已，友定乃疑其部將蕭院判劉守仁有攜貳心，即收其兵柄，殺蕭院判，守仁知事急來奔，士卒多踰城夜遁，自始圍至是凡十日，適城中軍器局失火，礮聲亂發，我軍疑其内叛，遂併力攻城，友定見勢窮蹙，乃與副樞謝英輔、參政文殊海牙決曰：「大事已去，吾無以報國家，惟有死耳，公等宜自勉。」乃退於省堂按劍仰藥飲之，達魯花赤白哈麻具服北望泣拜，與謝英輔皆自經死，賴正孫等夜開門出降，黎明我師入城，友定氣未絶，遂舁之出水東門外，值大雷雨，復甦，械繫送京師，以唐鐸知府事。友定子海聞其父兵敗，自將樂來降，遂併執之，遣仁和衛指揮徐興安撫將樂。

建太學，立欽天監。

明史卷六十九選舉志：「國子學之設，自明初乙巳始，洪武元年，令品官子弟及民俊秀通文義者並充學生。」又卷三十一曆志：「洪武元年，改（太史）院爲司天監……三年改監爲欽天。」

徐達等兵經棠棣等州縣，皆平之。抵河南，與詹同脱因帖木兒原作「同脱帖木兒」，據玄覽堂本、典故本及實録改。戰，大敗之，梁王出降。遂西下洛陽，長驅崤函，直抵潼關。守者拒戰，都督馮勝與戰，拔之，據關而守。諭大將軍歸大梁，北下河内，由鄴下趨趙州，抵臨清。

實録卷三十：洪武元年二月丙午，征虜副將軍常遇春率師自濟南取東昌。○癸丑，副將軍常遇春師克東昌，元平章申榮自經死，於是所屬茌平等縣皆降，遇春仍還軍濟南。○甲子，樂安俞勝復叛，大將軍徐達等率師往討之。初勝納款來見，達等禮而遣之，勝既歸，陽爲附順，陰實從元，達乃遣其郎中楊子華等回樂安，名爲造作軍器，徵糧草，實欲陰察其所以，勝果拒命而叛，達等遂進師取之，師至濟陽，指揮劉寧獲勝偵卒二人，達斬之而進。○乙丑，上遣使諭大將軍徐達等曰：「計將軍之師，將至樂安，攻之半月可下，樂安既下，即引兵上黄河，取汴梁河南，如樂安不下，作長圍困之，止留親軍攻守，彼外援不及，内食不繼，俞勝等將不戰而擒之矣。」○丙寅，大將軍徐達等師至土河，距樂安五里，命軍士填壕以進，明日，俞勝部將朱鎮撫等報勝已遁去，達等率師趨樂安，營於城東南，其郎中張仲毅出降，樂安平。○卷三十一：洪武元年三月乙亥，大將軍徐達師發樂安。○丙戌，大將軍徐達等至濟寧……是日，達開耐牢坡壩，引舟師由鄆城趨汴梁，以取河南。○己亥，大將軍徐達等至陳橋，左君弼竹昌迎降。○四月甲辰，徐達等率步騎自中灤進取河南，命都督僉事陳德守汴梁。○戊午，大將軍徐達遣都督同知馮宗異康茂才等分兵取陝州，又遣其麾下及降將楚諒招諭登封各處山寨頭目柴巖翁諒等，於是守鞏縣孟夏寨參政李成來降。○壬戌，都督同知馮宗異等兵至陝州，元將脱因帖木兒棄城遁去，宗異遂入其城。○卷三十二：五月庚午，都督同知馮宗異請益兵守潼關，達調都督僉事郭子興將鷹揚衛指揮于光、威武衛指揮金興旺守之。○辛巳，大將軍徐達自陝州還至河南。○庚寅，車駕至汴梁。○六月庚子朔，大將軍徐達自河南至行在見上。○癸卯，徐達辭行在，還次河陰。○卷三十三：洪武元年閏七月庚子，大將軍徐達等率師發汴梁，徇取河北諸州縣。癸卯，至彰德。乙巳，至磁州。丁未，至廣平。己酉，次臨清。

秋八月辛未，北入大都，元軍遁去，燕地悉平。時廣東廣西亦平。復命徐達西取晉冀，長趨井陘，盡平其地。大赦天下，詔曰：實録繫於卷三十四洪武元年八月己卯。「天之生民而立之君，君者奉天而安養斯民者也。昔者元政陵夷，民失安養，群雄蜂起，疆宇瓜分。朕以布衣入戎伍，憤生民塗炭，提孤軍與豪傑同志者思所以靖之。賴天之靈，因民之利，干戈所至，强殞弱服，原作「弱損强服」，據玄覽堂本、典故本及實録改。大河之北，以際南海，罔不來臣。重念推戴以來，軍士勞苦，農商玄覽堂本及典故本及實録作「民」。罷敝，未有以安之。賢人君子遁匿巖穴，未有以來之。刑亂重典，實録作「獄訟繁興」。未有以平之。供億繁重，未有以紓之。是用陰陽差謬，水旱不時，天災屢見，朕甚懼焉。爰布洪恩，與民更始，可大赦天下。是用句以下，自責太重，實録改爲「朕爲此寢食弗寧，特大赦天下，與民更始」。又實録詳載大赦條款，茲不録。於戲！民墜塗炭，十有七年，蕩析離居，實録作「今天下甫定」。光嶽之氣，於焉始復，繼自今各厚爾生，此句實録作「繼今宜各修爾業，厚爾生」。共享太平之福，以臻雍熙，實録此下有「之治」二字。不其偉歟！」此句實録刪。

九月下求賢詔，此詔載實録卷三十五，是月癸亥，略同，校注異文於下。詔曰：「朕惟天下之廣，固非一人所能治，必得天下之賢共成實録作「理」。之。向以干戈擾攘，疆宇彼此，致賢養民之道，未之深講，雖賴一時輔佐，匡定大業，然懷才抱德之士，尚多隱於巖穴。豈政令靡常，而人無所守歟？刑辟煩重，而士懷畏懼歟？四句亦自責過重，實録改爲「豈有司之失於敦勸歟？朝廷之疏於禮待歟？」抑朕寡昧，事不師古，而致然歟？「事不師古」，亦自責太重，故實録改爲「抑朕寡昧不足以致賢歟？將在位者壅蔽，使賢者不上達歟？」在位者壅蔽，爲百官失職，與太祖無關，實録如此一句，殊爲得體。不然，賢士大夫，幼學壯行，思欲堯舜君民者，豈終没没實録作「世」。而已哉。今天下甫定，日實録作「願」。與諸儒講明治道，啓沃朕心，其敢不以古先哲王是期。以上九字實録作「以臻至治」。巖穴之士，有能以賢輔我，以德濟民者，尚不吾棄！」末句太自卑，實録改爲「有司禮遣之，朕將擢用焉」。較得體。冬十月，燕都捷至，詔告天下三字據玄覽堂本、典故本補。曰：實録此詔繫於卷三十五，是月戊寅，略同。「一海宇以安人心，正國統而君天下，理勢所在，古今皆然。自群雄乘亂以來，四方思治，竊惟玄覽堂本及實録作「四方思治惟切」。元綱已隳，疆土遂分，孰拯斯民，以定於一？顧予以菲德，造此丕圖，荷上天眷佑，臣鄰翊贊，肇基江左，平定中原，睠惟幽燕，實彼根本，命將北伐，列郡皆順，已於洪武元年八月初二日，克取燕京，胡君遠遁，兵無犯於秋毫，民不移於市肆，捷音來奏，殊副朕心。今改燕京爲北平府，命官屯守。海宇既同，國統斯正，方與生民共此安平之福。尚賴中外臣僚，夙夜公勤，以匡朕之不逮。實録此下有條具事宜，不録。於戲！上體天心，俾萬邦之咸乂；下從民欲，合四海以爲家。故茲詔示，想宜知悉。」

上自起兵以來，東征西討，未遑制作，至是始命諸儒稽古，改制度，易服色，因革損益，咸自聖心，靡不各當其宜，百餘年胡俗爲之丕變，而典章文物，煥然可述矣。

案實録載洪武元年二月壬子詔：元以胡俗變易中國之制，士庶咸辮髮椎髻深襜胡帽，衣服則爲袴褶窄袖及辮線腰褶，婦女衣窄袖短衣，下服裙裳，至是令悉改衣冠如唐制，此服裝之改革也。十二月辛未，監察御史高原侃言：「京師人民，循習元氏舊俗，凡有喪葬，設宴會親友，作樂娛尸，惟較酒殽厚薄，無哀戚之情，乞禁止以厚風化。」太祖是其言，詔中書省令禮官定官民喪服之制。四年十二月壬寅，以軍民行禮，尚循元俗，飲宴行酒，多以跪拜爲禮，因命省臣及禮部官定爲儀式，申禁之。六年二月壬午，以元俗往往以先聖賢衣冠爲伶人笑侮之飾，以侑燕樂，詔禮部嚴禁，違者罪之。此習俗之改革者也。考明史太祖紀載有洪武五年五月改革禮儀風俗詔，以事關民族思想，館臣故爲諱删，若持與實録原文比較，則知明史所舉改革諸條，實皆針對元末習俗而發者。

洪武二年春，遣使往諭諸蕃。

實録卷三十八：洪武二年正月乙卯，遣使以即位詔諭日本占城爪哇西洋諸國。

定仁祖陵號曰皇陵，玄覽堂本、典故本作「英陵」。**乙亥，建碑。**

實録卷三十九：洪武二年二月乙亥，詔立皇陵碑。先是命翰林侍講學士危素撰文，至是文成，命左丞相宣國公李善長詣陵立碑。○丁丑，上仁祖淳皇帝陵名曰英陵。初禮部尚書崔亮以爲歷代諸陵皆有名號，今仁祖陵宜加以尊名，上乃定曰英陵。○卷四十二：五月甲午朔，更英陵曰皇陵，立皇陵衛以守之。

案危素所撰碑文，具載郎瑛七修類稿卷七「皇陵碑」條。近人輯危太樸集失載。

常遇春平大同府。

實録卷三十八：洪武二年正月，甲寅，副將軍常遇春自太原帥師征大同。

命儒臣宋濂等編修元史。

實録卷三十九：是年二月丙寅朔，詔修元史，上謂廷臣曰：「近克元都，得元十三朝實録，元雖亡國，事當記載，況史記成敗，示勸懲，不可廢也。乃詔中書左丞相宣國公李善長爲監修，前起居注宋濂漳州府通判王禕爲總裁，徵山林遺逸之士汪克寬胡翰宋禧陶凱陳基趙壎曾魯高啓趙汸張文海徐尊生黄篪傅恕王錡傅著謝徽十六人同爲纂修官，開局於天界寺，取元經世大典諸書以資參考。

蠲免北平燕南河南山西税，詔曰：實録繫此詔於正月庚戌，文略同。「朕本淮右布衣，因天下亂，率衆渡江，保民圖治，今十有四年矣。實録作「十有五年」，案太祖以至正十五年六月渡江，至此，如實算爲十四年，虚算爲十五年。荷天眷佑，西取陳友諒以安荊楚，東縛張士誠以平三吴，遂至八閩，直抵交廣。以極於海，悉皆戡定。重念中國本我華夏之君所主，豈意胡人入據，已及百年，天厭昏淫，群雄並起，以致兵戈分争，生民塗炭。是用命將北征，兵渡大河，齊魯之民，歡然來迎，饋糧給軍，不辭千里，朕思其民當元之末，疲於供給，今既效順，何忍復勞，實録此下叙各地蠲免之故云：「已將山東洪武元年税糧免徵，不期天旱，民尚未甦，再免今年夏秋税糧。近者大軍平燕都，下晉冀，朕念北平燕南河東山西之民久被兵殘，困於徵斂，尤甚齊魯，今年税糧亦與蠲免，其河南諸郡自歸附以來，久欲濟之，奈西北未平，出師所經，擬資糧餉，是以未遑，今晉冀既平，理宜優卹，其北京河南滁徐宿等州已免税糧外，西抵潼關，北界大河，南至唐鄧光息，洪武二年夏秋税糧，一體蠲免。」有司時加存卹，以副朕懷。」

占城安南來貢。

實録：二月己巳，占城國王阿答阿者遣其臣虎都蠻貢虎象及方物。

馮勝取陝西，張思道遁去，進克鳳翔。

實録：二月辛卯，大將軍徐達師自平陽次河中，遣指揮張良造浮橋，選士馬，從副將軍常遇春馮宗異先渡河趨陝西。○卷四十：三月庚子，大將軍徐達至鹿臺，遂入奉元路。初元行省平章李思齊據鳳翔，副將許國英穆薛飛等守關中，張思道與孔興脱列伯金牌張龍濟民李景春等駐鹿臺以衛奉元。及聞大兵入關，思道等先三日由野魚口遁去。○丙午，副將軍常遇春等師至鳳翔，李思齊懼，率所部十餘萬西奔臨洮，遇春勒兵入城，獲其部將薛平章等。

四月，勝及湯和兵次鞏昌，元平章商暠降。調兵攻臨洮，太尉李思齊以衆降，餘衆多懼罪逃走，遂招撫諭之。蠲秦隴税。

實録卷四十一：四月乙亥，大將軍徐達師至鞏昌，元守將平章梁子中、侍郎陳子林、郎中譚某、員外郎鄢某俱出降。既而總帥汪靈真保，平章商暠……等亦繼至。達皆禮待之。……仍遣右副將軍馮宗異將天策羽林驍騎雄武金吾豹韜等衛將士征臨洮。○丁丑，馮宗異師至臨洮，李思齊降。

五月，追封外祖考爲揚王，妣爲王夫人。皇后父爲徐王，妣爲王夫人。仍立廟以祠之。

實録卷四十二：五月，詔追封皇外祖考爲揚王，妣爲揚王夫人，皇外舅爲徐王，外姑爲徐王夫人，並建廟於太廟之東，以時奉祀。先期祭告太廟，然後行禮，上安奉揚王神主，皇后安奉徐王神主，各用牲醴致祭。

六月二字原脱，據實録補。常遇春取永平，克紅羅山，擒脱火赤丞相其檀，會宜興大興諸州相繼而平，遂進克上都，擒其平章鼎住等官屬。

實録卷四十三：六月己卯，常遇春等克開平。初上命遇春自鳳翔赴北平征迤北餘寇，以平章李文忠輔之，遇春文忠率步卒八萬，騎士一萬，自北平往取開平，道三河，經鹿兒嶺，過惠州，敗故元將江文清兵於錦川，得士馬以千計。次全寧，故元丞相也速復以兵迎戰，又敗之，也速遁去。進攻大興州，文忠謂遇春曰：「元兵必走。」乃分兵千餘爲八屯，伏其歸路，虜果夜遁，遇伏，大破之，擒其丞相脱火赤。遂率兵道新開嶺，進攻開平，元主先已北奔，追北數百里，俘其宗王慶生及平章鼎住等，斬之，凡得將士萬人，車萬輛，馬三千匹，牛五萬頭，薊北悉平。

秋七月，征虜副將軍常遇春卒於軍中，追封開平郡王，謚忠武。

實録：秋七月己亥，征虜副將軍中書平章鄂國公常遇春還軍，次柳河川，得疾而卒。報至，詔平章李文忠領其衆。

八月，馮勝圍慶陽，克之，寧州黄河等處悉平。

實録卷四十四：八月戊寅，大將軍徐達督諸軍攻慶陽，於是將士争穴其城，城中極力救禦，然奔逸歸附者甚衆。○癸未，克慶陽。

冬，安南占城兩國相攻，占城遣使來訴，詔諭解之，兩國遂罷兵。

實録卷四十七：十二月壬戌朔，遣翰林院編修羅復仁、兵部主事張福齎詔諭安南占城國王，詔曰：「朕本布衣，因天下亂，起兵以保鄉里，不期豪傑雲從，朕將之數年，闢土日廣，甲兵强盛，遂爲臣庶推戴，君臨天下，以承正統，於今三年。海外諸國入貢者，安南最先，高麗次之，占城又次之，皆能奉表稱臣，合於古制，朕甚嘉焉。近占城遣平章蒲旦麻都來貢，言安南以兵侵擾，朕聞之，心有不安，念爾兩國自古及今，封疆各有定分，不可强而爲一，此天意也。況爾等所居之地，相去中國，越山隔海，所言侵擾之事，是非一時難知，以朕詳之，爾彼此世傳已久，保土安民，上奉天道，尊事中國，爾前王必有遺訓，不待諭而知者。朕爲天下主，治亂持危，理所當行，今遣使往觀其事，諭以畏天守分之道，如果互執兵端，連年不解，荼毒生民，上帝好生，必非所悦，恐天變於上，人怨於下，其禍有不能逃者。二國之君，宜聽朕言，各遵其道，以安其民，庶幾爾及子孫皆享福於永久，豈不美歟？」詔至，兩國皆聽命罷兵。

十一月冬至，祀昊天上帝於圜丘，以仁祖淳皇帝配。見實録十月乙巳。

是歲，令天下府州縣開學，置師弟子生員。

實録卷四十六：十月辛卯，命郡縣立學校，詔曰：「古昔帝王育人材、正風俗，莫先於學校，自胡元入主中國，夷狄腥膻，污染華夏，學校廢弛，人紀蕩然。加以兵亂以來，人習鬭争，鮮知禮義。今朕統一天下，復我中國先王之治，宜大振華風，以興治教。今雖内設國子監，恐不足以盡延天下之俊秀，其令天下郡縣並建學校以作養士類。其府學設教授一員，秩從九品，訓導四員，生員四十人。州學設學正一員，訓導三員，生員三十人。縣學設教諭一員，訓導二員，生員二十人。師生月廩食米人六斗，有司給以魚肉，學官月俸有差。學者專治一經，以禮樂射御書數設科分教，務求實才，頑不率教者黜之。

洪武三年春三月，蠲直隸應天等府税。

實録卷五十：洪武三年三月庚寅，免應天徽州等十六府州、河南北平山東三省税糧。

大將軍徐達引兵至定西州，王保保退屯車道，二字原誤「軍」，實録作「車道峴」，此據玄覽堂本及典故本改。我軍立栅以逼其壘。四月進戰，保保敗走，擒剡王文濟王等。

實録：三月戊午，大將軍徐達師至定西，王保保退屯車道峴。既而達進兵沈兒峪，遣左副將軍鄧愈直抵保保壘，立栅以逼之。○卷五十一：四月乙丑，大將軍徐達等率師出安定，駐沈兒峪口，與王保保隔深溝而壘，日數交戰，王保保發兵千餘人，由間道從東山下潛劫東南壘，東南一壘皆驚擾，左丞胡德濟倉卒不知所措，達親率兵急擊之，敵乃退。遂斬東南壘指揮趙某、及將校數人以徇，軍中股慄。明日，整衆出戰，諸將争奮，莫敢不力，遂大敗保保兵於川北亂塚間，擒元郯王、文濟王及國公閻思孝、平章韓扎兒虎林赤嚴奉先李景昌察罕不花等官一千八百六十五人，將校士卒八萬四千五百餘人，獲馬萬五千二百八十餘匹，槖駞騾驢雜畜稱是。

上始定封建，立子樉爲秦王、棡晉王、棣燕王、橚吴王、楨楚王、榑齊王、梓潭王、杞趙王、檀魯王、姪孫守謙靖江王。諸王名各本均缺，此據明史填。詔曰：「朕荷天地百神之佑，祖宗之靈，當群雄鼎沸之秋，奮興淮右，賴將帥宣力，創業江左，曩者命大將軍徐達總率諸將，以定中原，不二年間，海宇肅清，虜遁沙漠，大統既正，黎庶靖安，欲先論武功，以行爵賞。緣吐蕃之境，未入版圖，今年春，復命徐達等再征，是以報功之事，未及舉行。朕聞古帝王之子，居嫡長者，必正儲位，其衆子當封以王爵，分茅胙土，以名其國，朕今有子十人，即位之初，已立長子標爲皇太子，諸子之封，本待報賞功臣之後，然尊卑之分，所宜早定。」實録繫詔於四月乙丑，文略同，不録。

五月，遣使尋訪歷代帝王陵寢所在，特加修理，仍令三年一祭祀，著爲定典。

實録卷五十二：是月辛卯，遣使訪歷代帝王陵寢，初上嘗觀宋太祖詔修歷代帝王陵寢，嘆曰：「此美事也。」遂遣翰林編修蔡玄侍儀舍人李震亨陳敏于謙等往四方求之，仍命各省之臣，同詣所在審視，若有廟祀，并具圖以聞。

平章李文忠、右丞趙庸敗原誤「故」，據玄覽堂本改。元平章沙不丁朵兒只八剌等於開平，進次上都，元平章上都罕等降。復取應昌，獲元孫買的里八剌及后妃宫女并諸官屬，得其珪璧符璽，買的里八剌後以六月至京，封爲崇禮侯。

實録：五月丁酉，左副將軍李文忠、左丞趙庸敗元太尉蠻子平章沙不丁朵兒只八剌等於白海子之駱駝山，遂進次開平，元平章上都罕等降。○辛丑，左副將軍李文忠師趨應昌，未至百餘里，獲一胡騎，問之曰：「四月二十八日，元主已殂，今自應昌往開平報國喪。」文忠即督兵兼程以進。癸卯，復遇元兵，與戰，大敗之，追至應昌，遂圍其城。明日克之，獲元主嫡孫買的里八剌，并后妃宮人暨諸王省院達官士卒等，并獲宋元玉璽金寶一十五，宣和殿玉圖書一，玉册二，鎮圭大圭玉帶玉斧各一，及駝馬牛羊無算，遣人俱送京師。○卷五十二：六月乙亥，封買的里八剌爲崇禮侯。

中書左丞楊憲、按察使凌説等以姦黨事覺伏誅。

實録卷五十四：是年七月丙辰，以中書省右丞楊憲爲左丞，尋以罪伏誅。

己亥，制以科舉取士，詔曰：實録五月己亥條略同，注其異文於下。「朕聞成周之制，取材於貢，故賢者在職，而其民有士君子之行，是以風俗淳美，國易爲治，而教化彰顯也。漢唐及宋，科舉取士，各有定制，然但貴詞章之學，而未求六藝之全。至於前元，依古設科，待士甚優，而權豪勢要之官，每納奔競之人，辛勤歲月，實録作「寅緣阿附」。輒竊仕禄，所得資品，或居舉人之上，其懷材抱德之賢，耻與並進，甘隱山林而不起，風俗之弊，一至於此。今朕統一中國，外撫四夷，二句實録作「今朕統一華夷」。方與斯民共享昇平之治，所慮官非其人，有傷實録作「殃」。吾民，願求賢人君子而用之。自洪武三年八月爲始，特設科舉，以起懷材抱德之士，務在經明行修，博古通今，文質得中，名實相稱。其中選者，朕親策於廷，觀其學識，品其高下而任之以官，果有才學出衆者，待以顯擢，使中外文臣，皆由科舉而選，非科舉者毋得與官，敢有遊食奔競之徒，坐以重罪，以稱朕責實求賢之意。」「坐以重罪」句下，實録作「自然易行。於戲！設科取士，期必得於全材；仕官惟賢，庶可成於治道。咨爾有衆，體予至懷」。

秋八月，高麗爪哇西洋等國來貢。

實録卷五十五：八月辛酉，占城國王阿答阿者遣其臣打班舍利來貢方物。○高麗遣其三司使姜德贊上表謝賜冕服，貢方物，并納元所授金印。○卷五十六：九月壬寅，爪哇國王昔里八達剌八剌蒲遣其臣郎加占必忽先等來貢方物。

冬十一月丙申，以中書左丞相宣國公李善長爲太師，改封韓國公，右丞相信國公徐達爲太傅，改封魏國公，封開平忠武王常遇春子茂爲鄭國公。以浙江平章李文忠爲左都督，封曹國公，右都督馮勝爲宋國公，御史大夫鄧愈爲衛國公，皆位特進，其餘功臣封爵有差。

實録卷五十八，是日詳載所封功臣，茲不録。

十二月，建奉先殿於乾清宫之東，以奉祖宗神御，每旦焚香，時節朔望及生辰日期則祭，用常饌，行家人禮，盡玄覽堂本作「蓋」。從禮部尚書陶凱之議也。

實録卷五十九：十二月甲子，命建奉先殿，上謂禮部尚書陶凱曰：「事死如事生，朕祖考陟遐已久，不能致其生事之誠，然於追遠之道，豈敢怠忽。」復感嘆曰：「養親之樂，不足於生前，思親之苦，徒切於身後，今歲時致享則於太廟，至於晨昏謁見，節序告奠，古必有其所，爾考論以聞。」於是凱奏：「宋太廟一歲五享，宮中自有奉先天章閣欽先孝思殿奉神御畫像，天子日焚香，時節朔望帝后生辰皆徧祭，用常饌，行家人禮，古者宗廟之制，前殿後寢，爾雅曰：室有東西廂曰廟，無東西廂有室曰寢。廟是棲神之處，故在前，寢是藏衣冠之處，故在後。自漢以來，廟在宮城外，已非一日。故宋建欽先孝思殿於宮中崇政之東，以奉神御。今太廟祭祀已有定制，請於乾清宮左別建奉先殿以奉神御，每日焚香，朔望薦新，節序及生辰皆於此祭祀，用嘗饌，行家人禮。」上從之。

洪武四年春正月，中書左丞相太師韓國公李善長致仕。

實録卷六十：是月丙戌，中書左丞相太師韓國公李善長乞致仕，從之。

以中書右丞汪廣洋爲右丞相，參知政事胡惟庸爲中書左丞。實録文同。

命中山侯湯和爲征西將軍，率兵征四川。

實録：正月丁亥，上親祀上下神祇，告伐明昇，命中山侯湯和爲征西將軍、江夏侯周德興爲左副將軍，德慶侯廖永忠爲右副將軍，暨營陽侯楊璟、都督僉事葉昇率京衞荆襄舟師由瞿塘趨重慶，潁川侯傅友德爲征虜前將軍、濟寧侯顧時爲左副將軍，暨都督僉事何文輝等率河南陝西步騎由秦隴趨成都。

二月甲戌，上策試舉人，賜進士吳伯宗以下一百人及第、出身有差。時高麗舉人金濤亦中選，除東昌府安丘縣縣丞，以方言不同典故本作「通」。歸，還任本國爲官。

實録卷六十二：是年三月乙酉朔，策進士於奉天殿，登第者一百二十人，賜吴伯宗等三名進士及第，第二甲十七人，賜進士出身，第三甲百人，賜同進士出身。詔賜伯宗朝服冠帶，授禮部員外郎。高麗入試者三人，惟金濤登第，授東昌府安丘縣丞，朴實柳伯儒皆不第，三人俱以不通華言，請還本國，詔厚給道里費，遣舟送還。

案此書與實録所記時日不同，或以實録爲是，蓋三修本歷久始成，必有所考訂也。

遼東行省平章劉益遣其右丞相董遵、僉院楊允賢來朝，並進遼東圖本，詔建遼東衛指揮使司，以益同知指揮事。

實録卷六十一：二月壬午，故元遼陽行省平章劉益以遼東州郡地圖并籍其錢糧兵馬之數，遣右丞董遵，僉院楊賢（此書作楊允賢。）奉表來降。……上覽表嘉其誠，詔置遼東衛指揮使司，以益爲指揮同知。

閏三月，詔諭甘肅塔灘等，時甘肅未下，故下詔諭之。

實録卷六十三：是月戊寅，命故元降臣脱列伯齎詔往甘肅塔灘等處諭元臣竇咱王。

詔賜湖州德清縣舉人王瑱父金帛。時瑱官於平涼，其父遺以家書，託御史臺幕官宇文桂者達之平涼，既而文桂以事被鞫，或搜其篋中，得書百餘封，奏之，瑱父家書亦在其内。上覽之，嘉其能以忠孝訓子，辭語諄切。於是特遣使者降詔褒美，賜白金百兩及絹帛藥物以旌其賢，仍令有司蠲其徭役。

實録：閏三月，刑部搜獄中囚，得其私書以奏。上覽之，一書乃吴興王升以遺其子者，其言曰：「凡爲官須廉潔自持，貧者士之常也，古人謂貧乏不能存，此是好消息。撫民以仁慈爲心，報國以忠勤爲本，處己以謙敬爲先，進修以學業爲務。有暇日，宜玩味經史，至於先儒性理之書，亦當潛心其間，於此見得透徹，則自然所思無邪。又熟讀律令，則守法不惑，仕與學蓋不可偏廢。人便則買附子二三枚，川椒一二斤，必經税而後來，餘物非所覬也。」時升之子瑱爲平涼知縣，升以書託御史臺幕官宇文桂達之。上覽書，嘉嘆良久，賜升手詔曰：「昔元初有天下，人務實學，故賢材重進取，其後失天下，由俗尚虚名，干權勢以希用。朕備嘗艱難，灼見世情，習俗未移，貪婪者，有如螻蟻蠅蚋，不知悔悟。若是者豈慈父之失教耶，抑其子之不聽其訓耶？今因閲汝私書，知汝之善教，能以忠藎之言丁寧其子，子之賢否雖未可知，然薄俗中睹此家訓，誰能出其右哉。勸善懲惡，移風易俗，實有國之務。兹命中書遣使齎詔往諭，賜白金百兩，絹十匹，附子五枚，川椒五斤，以旌爾賢，仍命復其家。

夏四月，册封故開平王女常氏爲皇太子妃。

案册封儀式冠服具載實録卷六十四，四月戊申條。

立元福壽大夫原誤「夫人」，據玄覽堂本、典故本及實録改。廟，自國朝取建康，惟福壽爲元死節，故特命立廟祀之。

實録：四月，詔立祠祀元御史大夫福壽，上謂中書省臣曰：「朕渡江以來，元之守臣如御史大夫福壽仗義守職，保障其民，以身殉國，雖無甲兵外援，而能臨難不避，可謂忠臣矣，宜立祠，令有司歲時致祭。」

五月，蠲兩浙秋糧，詔曰：「朕本農夫，深知稼穡艱難，及至躬率六軍，征討四方，尤知將士勞苦。重荷上天眷佑，戡平群雄，一統天下，東際遼海，南定諸蕃，西控戎夷，北靖沙漠，皆以精鋭屯此邊要，用安黎庶，未免科徵轉運，供給繁重，事豈得已。惟爾兩浙之民，歸附之後，民力未甦，兼以貪官污吏，害民肥己，四載於兹，朕深憫焉。今既掃除姦蠹，更用良善，革去舊弊而新治道，以阜厚吾民。其秋糧及没官田租盡行蠲免。」

實録卷六十五：五月乙亥，免兩浙秋糧，詔曰：「朕起農業，深知稼穡艱難，及躬率六師，征討四方，尤知將士勞苦。重荷上天眷佑，平群雄，一天下，東際遼海，南定諸蕃，西控戎夷，北清沙漠，皆以精鋭屯守要害，用安黎庶，未免科徵轉運，供給繁勞，事豈得已。惟爾兩浙自歸附之後，民力未甦，兼以守令多非其人，或肆侵漁，或務苛刻，朕甚憫焉。今四方既定，選用賢良，專意治道，以厚吾民，其今年秋糧及没官田租，俱與蠲免。於乎！食者民之天，民乃邦之本，一視同仁，豈有厚薄，然恩之所及，時有先後，咨爾人民，其體朕懷，永安生業，共享太平。」

案實録詔文雖與此書略同，然措辭文雅。試比較「朕起農業」與「朕本農夫」；「兼以守令多非其人，或肆侵漁，或務苛刻」與「兼以貪官污吏，害民肥己，四載於兹」；「今四方既定」與「今既掃除姦蠹」諸句，則知其文質精粗，相去甚遠。

六月，征西將軍湯和率舟師進瞿塘關，破其軍，直抵重慶，夏幼主明昇面縛詣軍門降。

實録卷六十六：六月癸卯，中山侯湯和至重慶，會德慶侯廖永忠，以兵駐朝天門外。是日，明昇面縛銜璧，與母彭氏及其右丞劉仁等奉表詣軍門降。

秋七月，潁川侯傅友德兵克成都。先是五月己卯，兵克漢州，六月丙申，兵進圍成都，至是其丞相戴壽以下率衆「衆」字據玄覽堂本、典故本補。來降，以指揮何文輝守之。因遣詔諭云南及拂菻琉球等國。

實録：六月壬午朔，潁川侯傅友德拔漢州。○卷六十七：七月庚申，潁川侯傅友德兵圍成都，僞夏丞相戴壽、知院向大亨等出城拒戰，以象載甲士列於陣前，友德命前鋒指揮李英等以弓矢火器衝之，象中矢卻走，壽兵躪藉死者甚衆，友德亦中流矢。會湯和遣人報重慶之捷，壽等亦得其家書，聞重慶已降，而室家皆完，遂無鬬志，乃籍府庫倉廩，遣其子詣軍門納款，友德許之，翌日，壽等率其屬降，友德按兵入自東門，得士馬三萬。

時高麗遣使來賀萬壽節，冬至，又遣使來貢及賀正旦節。

實録卷六十八：九月甲寅，高麗國王王顓遣其臣姜仲祥等奉表貢金銀龍盞布文席龜貝等物，賀天壽聖節，并賀皇太子千秋節。

洪武五年春，高麗遣使來賀平蜀及請遣子入學，上曰：「昔唐太宗時，高麗常玄覽堂本、典故本作「嘗」。遣子入學，此亦盛事，但其子涉海而來，未免彼此懷思，令其王與群下熟議行之。」

實録卷七十三：五年三月，高麗國王王顓遣密直同知洪師範、鄭夢周等奉表賀平夏，貢方物，且請遣子弟入太學，其詞曰：「秉彝好德，無古今愚智之殊，用夏變夷，在禮樂詩書之習，故我東夷之人，自昔以來，皆遣子弟入太學，不惟知君臣父子之倫，亦且仰聲明文物之盛，伏望皇仁察臣向化之誠，使互鄉之童，得齒虞庠之胄，不勝慶幸。」上顧謂中書省臣曰：「高麗欲遣子弟入學，此亦美事，但其涉海遠來，離其父母，未免彼此懷思，爾中書宜令其國王與群下熟議之。爲父兄者果願遣子弟入學，爲子弟者果聽父兄之命，無所勉强，即遣使護送至京，或居一年或半年，聽其歸省也。」

移陳友諒夏明昇家屬於高麗居住。

實録卷七十一：五年正月乙丑，歸德侯陳理、歸義侯明昇居常鬱鬱不樂，頗出怨言，上聞之曰：「此童孺輩言語，小過不足問，但恐爲小人瞽惑，不能始終，宜處之遠方，則釁隙無自生，可始終保全矣。」於是徙之高麗，遣元樞密使延安答理護送而往，仍賜高麗國王紗羅文綺四十八匹，俾善待之。

遣使賫詔諭雲南，詔曰：實録此詔繫於正月癸丑，文略同，注其異文於後。「朕惟天生斯民，必立之君以撫治之。曩者元君失政，海内鼎沸，疆宇瓜分，其盜據境土，擅專生殺，自爲聲教，實録作「不可勝數」。生民塗炭，十有七年。朕起布衣，挺身奮臂，此句實録作「提義師」。

開基原作「幕」，據玄覽堂本、典故本及實録改。江左，命將四征不庭，其間以上四字實録無。西平漢主陳友諒，東縛吴王張士誠，「漢主」、「吴王」字樣實録皆削去。南平閩粤，北靖幽燕，奠安華夏，復我中國之舊疆。朕爲臣民推戴，即皇帝位，定有天下之號曰大明，建元洪武。是用遣使外夷，播告朕意。使者所至，蠻夷酋長，稱臣入貢。實録作「莫不稱臣入貢」。惟爾梁王把都原作「郎」，此據實録改。平章段光，都元帥段勝鎮守雲南，亦嘗遣人告諭。不意蜀戴壽等憑恃險隘，中途阻絶，致使朕意不達爾土。去年遂興問罪之師，分命大將率馬步舟師，水陸並進，直抵重慶，明昇面縛銜璧，繼至成都，生縛戴壽，其各郡邑悉平，即置官守，西土既寧，復專實録作「遣」。使往諭爾等，尚恐未達，今因北平送到蘇成，稱係爾等舊遣北去之人，再俾賫詔往諭，「諭」字據玄覽堂本及實録補。朕雖不德，不及我中國之先哲王，使四夷懷之，然不可不使天下周知。」實録下多「故兹詔諭，爾其悉之」句。遣使賫諭甘肅，時暹羅及鎖里遣人入貢。

案實録載鎖里入貢在正月壬子，暹羅斛入貢在是月壬戌。

夏五月，下詔敦厚風俗，詔曰：「朕聞三皇立極，導民以時，庖厨稼穡，衣服始制，民居舍焉。五帝之教以仁信，不過遵三皇之良規，益未備之時宜，當時天下從之，民用和睦。自夏商周至漢唐宋，代有損益，要於宜民，朕蒙皇天后土之恩，命統天下，祖宗之靈，百神佑護，得正帝位，紀已五年。朕本草萊之士，失習聖經，況摧强撫順，二十有一年，常無寧居，所行一概粗疎，故道未臻，民不見化，市鄉閭里，尚染元俗，天下大定，義禮風俗，可不正乎？」先時兵亂，所在居民，或轉他方，爲人奴役，至是悉放從良，不許拘留，喻民間有貧乏者，令其互相周給。鄉里宴會，以齒爲序。其孤老殘疾者，官爲之養贍。又命中書詳定鄉飲酒禮及婚姻、喪祭、冠服等制，頒行遵守。民無產業者，許耕官田爲業。其僧道務守戒律。

實録卷七十三：五月，詔天下曰：「朕聞三皇立極，導民以時，庖厨稼穡，衣服始制，民居舍焉。五帝之教以仁信，不過遵三皇之良規，益未備之時宜，當時之君，示其所以，天下從之。自周至漢唐宋，亦宜因時損益，國乃昌，民乃安。朕蒙皇天后土之恩，命統天下，祖宗之靈，百神護佑，得正帝位，已五年於茲。朕本布衣，失習聖書，況摧强撫順，二十有一年，常無寧居，紀綱粗立，故道未臻，民不見化，市鄉閭里，尚循元俗，天下大定，禮義風俗，可不正乎？茲有所示，諭爾臣民，曩者兵亂，人民流散，因而爲人奴隸者，即日放還。士庶之家，毋收養閹豎，其功臣不在此例。古者鄰保相助，患難相救，今州縣城市鄉村，或有凍餒不能自存者，令里中富室假貸錢穀以資養之。工商農業皆聽其故，俟有餘贍，然後償還。孤寡殘疾不能生理者，官爲養贍，毋致失所。其有疾愈願占籍爲民者，聽。鄉黨論齒，從古所尚，凡平居相見揖拜之禮，幼者先施，歲時燕會坐次之列，長者居上。佃見田主，不論齒序，並如少事長之禮。若在親屬，不拘佃主，則以親屬之禮行之。

鄉飲之禮，所以明長幼，厚風俗。今廢缺已久，宜令中書詳定儀式，頒布遵守。婚姻古之所重，近代以來，狃於習俗，專論聘財，有違典禮。喪事以哀爲本，葬祭之具，稱家有無，今富者奢侈，貧者假貸，務崇眩耀，又有惑於陰陽，停柩經年，以至暴露。宜令中書集議，頒示天下。四方既定，流民各歸田里，其間有丁少田多者，不許仍前占據他人之業。若有丁衆田少者，許於附近荒田內，官爲驗其丁力，給與耕種。中國衣冠壞於胡俗，已嘗考定品官命婦冠服及士庶人衣巾，婦女服飾，行之中外，惟民間婦女首飾衣服尚循舊習，宜令中書頒示定制，務復古典。僧道之教，以清淨無爲爲本，往往齋薦之際，男女溷雜，飲酒食肉自恣，已令有司嚴加禁約。福建兩廣等處豪强之家，多以他人子閹割役使，名曰火者，今後有犯者，以閹罪抵之，没官爲奴。於戲！用夏變夷，風俗之所由厚，哀窮賑乏，仁政之所當施，因時制宜，與民更化，期臻禮義之風，永底隆平之治，咨爾臣庶，體予至懷。」

宋國公馮勝將兵抵蘭州，取平涼。六月，兵至別力篤山口，元岐王太尉朵兒只把逌去，進兵追之，擒其平章長家奴，復遣兵進抵甘肅，國公上都驢出降，其境悉平。

實録卷七十四：五年六月戊寅，征西將軍馮勝、左副將軍陳德、右副將軍傅友德率師至甘肅，故元將上都驢降。初勝等師次蘭州，友德先率驍騎五千直趨西涼，遇元失剌罕之兵，戰敗之，至永昌，又敗元太尉朵兒只巴於忽剌罕口，大獲其輜重牛馬，進至掃林山，勝等師亦至，共擊走胡兵，友德手射死其平章不花，追斬其黨四百餘人，降太尉鎖納兒加、平章管著等。至是上都驢知大軍至，率所部吏民八百三十餘户迎降，勝等撫輯其民，留官軍守之，遂進至亦集乃路，元守將卜顔帖木兒全城降。師次别篤山口，元岐王朶兒只班遁去，追獲其平章長加奴等二十七人及馬駝牛羊十餘萬。友德復引兵至瓜沙州，又敗其兵，獲金銀印馬駝牛羊二萬而還。

秋七月，詔諭故元國公白鎖住，時鎖住作亂，玄覽堂本、典故本作「詐死」。潛歸鄉里，故特下詔諭之。

實録卷七十五：七月辛未，遣使賫璽書諭故元國公白瑣住。（下略）

冬十月，蠲應天太平鎮江寧國廣德五郡秋糧，詔曰：實録卷七十六文略同，校注異文於下。「嘗聞國以民爲本，民以食爲天，此有國家者所以厚民生而重民命也。朕乘群雄鼎沸之時，率衆渡江，屯兵實録作「定都」。建業，十有八年，其間高城壘，深壕塹，軍需造作，凡百供給，皆爾近京五府之民率先效力，濟我時艱，民力繁實録作「煩」。甚，朕心不忘。天下一統，今五年矣，雖嘗蠲免四歲税糧，然猶未足以報前勞，是用申飭有司，今年秋糧，特令蠲免。」以上八字實録作「其應天太平鎮江寧國廣德五府今年合徵秋糧，除糧長頑狡不蓋倉及科歛困民者，本户之糧不免外，其餘盡行蠲免。於戲！朕念爾民勤勞，欲俾爾優遊於田里，以共享太平者，此朕之心也，其服勤田畝，以稱朕意」。

是歲琉球國遣人入貢，高麗復遣使來賀萬壽節，又比年皆入貢及賀正旦等節，上命中書諭之曰：「高麗每歲數次來貢，未免勞民，且使臣涉海艱險，古者中國諸侯比年一小聘，三年一大聘，九州之外，世一來見，表誠而已，今高麗文物禮樂頗近於中國，可行三年一聘之禮，或每一年一見亦可，其所貢方物，不在衆多，但依古禮。」

實録：十月甲午，先是上以高麗貢獻使者往來煩數，遣故元樞密使延安答里使高麗諭意，且以紗羅文綺賜其王顓，至是顓遣其門下贊成事姜仁裕上表謝恩，貢馬十七匹，并錦囊弓矢金鞍及人參等物。是時其國賀正旦使金湑等先至京師，上以正旦期尚遠，恐久淹其使，因仁裕繼至，遂皆命還國，因謂中書省臣曰：「曩因高麗貢獻煩數，故遣延安答里往諭此意，今一歲之間，貢獻數至，既困弊其民，而使涉海道路艱險，如洪師範歸國，蹈覆溺之患，幸有得免者，能歸言其故，不然，豈不致疑。夫古者諸侯之於天子，比年一小聘，三年一大聘，若九州之外，蕃邦遠國，則惟世見而已，其所貢獻亦無過侈之物。今高麗去中國稍近，人知經史，文物禮樂，略似中國，非他邦之比，宜令遵三年一聘之禮，或比年一來，所貢方物，止以所産之布，十疋足矣，毋令過多，中書其以朕意諭之。占城安南西洋瑣里瓜哇渤尼三佛齊暹羅斛真臘等國，新附遠邦，凡來朝者亦明告以朕意。」中書因使者還，如王旨咨諭其王，仍有詔賜顓藥餌。

中國史學基本典籍叢刊　書目

穆天子傳匯校集釋
國語集解
吳越春秋輯校彙考
越絶書校釋
西漢年紀
兩漢紀
漢官六種
東觀漢記校注
校補襄陽耆舊記（附南雍州記）
十六國春秋輯補
洛陽伽藍記校箋
建康實録
荆楚歲時記
大唐創業起居注箋證（附壺關録）
貞觀政要集校（修訂本）
唐六典
鑾書校注
十國春秋
皇朝編年綱目備要
皇宋十朝綱要校正
隆平集校證
宋史全文
宋太宗皇帝實録校注
金石録校證
丁未録輯考
靖康稗史箋證
中興遺史輯校
鄂國金佗稡編續編校注
皇宋中興兩朝聖政輯校
中興兩朝編年綱目
續宋中興編年資治通鑑
續編兩朝綱目備要

宋季三朝政要箋證
宋代官箴書五種
契丹國志
西夏書校補
大金弔伐録校補
大金國志校證
聖武親征録（新校本）
元朝名臣事略
明本紀校注
皇明通紀
明季北略
明季南略
國初群雄事略
三朝遼事實録
小腆紀年附考
小腆紀傳
史略校箋
廿二史劄記校證
通鑑地理通釋
黑韃事略校注
國語彙校集注
文史通義校注

中華書局

封面設計 豐雷 周玉